Baño
Drama en seis actos
con circo y fuegos artificiales

Vladimir Maiakovski

Archivos Vola
removiendo el acervo
www.archivosvola.es

Banya

Obra escrita en 1929, originalmente publicada en el número de noviembre de ese mismo año en la revista literaria mensual moscovita *Oktyabr* y estrenada el 30 de enero de 1930 en Leningrado, bajo la dirección de Vladimir Lyutze, discípulo de Vsévolod Meyerhold; la obra no fue bien acogida por el público y fue objeto de crítica y censura por los medios y autoridades oficiales.

Traducción: José María Coco Ferraris
Publicada originalmente por
Ediciones Losange, Buenos Aires, 1956

© Archivos Vola, Madrid, 2024

ISBN: 978-84-128026-2-7
~~Depósito legal: M-11307-2024~~

Impreso en España

Vladimir Vladimirovich Maiakovski (1893-1930) nació en la aldea de Bagdati, donde su padre era inspector forestal, no muy lejos de la ciudad georgiana de Kutaís, en el Caúcaso. Con la efervescencia que siguió a la guerra ruso-japonesa, cuando apenas tenía 11 años, ya iba con sus compañeros a pegar por las calles carteles de propaganda revolucionaria. En 1906, después de la muerte del padre, toda la familia se dirigió a Moscú y su madre instaló allí una pensión para estudiantes. Por sus campañas de agitación y propaganda, en medio del entusiasmo revolucionario que cundía por todas partes, no tardó en conocer la prisión y la vigilancia policial. Fue arrestado dos o tres veces antes de cumplir 17 años, y únicamente su minoría de edad lo libró de un proceso. Frecuentaba en tanto las clases de la Academia de Pintura y Escultura (pues se creía con vocación para la primera), pero en esas mismas clases trabó amistad con David Burliúk, uno de los fundadores del futurismo ruso, y pronto publicó sus primeros poemas en una antología de tal tendencia: *Bofetón al Gusto General*. Siente con intensidad la poesía y la miseria de la gran ciudad, y en 1915 alcanza la celebridad con un poema en el que se describe a sí mismo, con todos sus anhelos y presentimientos de la revolución cercana: *Nube con pantalones*. Cuando llega la conmoción, no vacila como otros poetas e intelectuales, la siente como suya y se convierte en su poeta. Un gran talento creador que se confunde con el ímpetu de un pueblo en marcha, así como la fuerza arrolladora y nueva de su ritmo, han sugerido repetidas veces la comparación con Walt Whitman.

Muchos le criticaron que desperdigara sus innegables dotes en obras de propaganda (por ejemplo, las leyendas y dibujos de los carteles de ROSTA -agencia precursora de la TASS-, y otros en los que se anunciaban productos de la joven industria soviética) y en arte para las masas (innumerables libretos para el cine ruso). Otros, en cambio, argüían que sus audacias verbales y sus imágenes futuristas eran para iniciados, y ajenas al pueblo. Nada más falso si recordamos sus poemas de más potente concepción: *Guerra y Paz*, *El Hombre*, *Nuestra Marcha*, *Himno a Lenin* y *¡Muy bien!*, culminación de su experiencia poética (1927).

De 1922 a 1929 realizó diez viajes por el extranjero -diversos países de Europa, Cuba, México, EE. UU.- y en ellos recogió una espléndida serie poemática en la que se despliegan sus dotes satíricas; citemos, entre muchos poemas: *Charlas con la Torre Eiffel*, *Puente de Brooklin*, *Black and White*, *Sífilis* -estos dos como indignada protesta contra la cuestión racial- *Pasaporte Soviético*, *Monjas*, etc. Si a esto agregamos su actividad periodística ininterrumpida (en *Izvestia* y en *Verdad Komsomol*) y sus creaciones para el teatro (*La Chinche* y *Baño* lo ocupan en los dos últimos años de su vida), comprenderemos que se sintiera agotado en plena juventud. Ya fuera por exceso de trabajo, por alguna razón personal (sufría además de una afección a la garganta) o bien por desilusión política, lo cierto es que su depresión nerviosa lo llevó al suicidio, el 14 de abril de 1930.

Se ha dicho que le corresponde, en la poesía soviética, el mismo lugar señero que ocupa en la prosa Máximo Gorki.

A finales de 1927, Maiakovski escribió para la Compañía Soukino de Leningrado un guión cinematográfico acerca de la situación de los obreros y de la lucha contra la pequeña burguesía. La película no se realizó, pero el poeta utilizó y reelaboró esos materiales para su *Chinche* (1928). Él mismo ha dejado algunas notas acerca de su composición:

"A mí mismo me resulta difícil considerarme como autor de la comedia. El material elaborado y articulado en ella es un cúmulo de anécdotas burguesas que me cayeron en las manos, y sobre la cabeza, desde todas partes, en la época de mis trabajos periodísticos y de publicista, sobre todo en la *Verdad Kom-somol*. Tales hechos, que por separado no tendrían importancia, se incorporaron a las dos figuras centrales de la obra, Pierre Scripkin y Baián...

La labor periodística tiene la culpa de que mi comedia haya resultado tal como resultó: propagandista, problemática, tendenciosa. Su problema es el de poner al descubierto la burguesía de hoy."

Y agrega Maiakovski en otra nota:

"*La chinche* es una variación teatral sobre un tema básico, acerca del cual compuse versos y poemas, dibujé carteles y hojas de propaganda. Ese tema es la lucha contra la pequeña 'burguesía.

No se menciona en mi obra un solo hecho que no

pudiera apoyarse en una docena de casos auténticos.

¿Qué si me gusta mi comedia?

Contesto que me gustará más si me entero de que desagrada al burgués."

Baño será la última obra de Maiakovski. La escribió justo después de *La chinche,* con la que mantiene una evidente continuidad en el tono, en el ritmo y en los temas tratados. Como el propio Maiakovski señaló en una entrevista de 1929 publicada en la *Literaturnaya Gazeta*: "El propósito político de mis obras es luchar contra la estrechez de mente, contra el oportunismo y el burocratismo y despejar el camino al heroísmo, al proyecto soviético".

La primera versión de *Baño* la terminó en septiembre de 1929, pero la fue modificando en sucesivas lecturas ante amigos o en reuniones en el teatro de Vsévolod Meyerhold. El propio director Meyerhold dirá de la obra: "es el mayor fenómeno de la historia del teatro ruso, el poeta Maiakovski nos ha dado una obra en prosa escrita con la maestría de la poesía. Sin duda, Maiakovski abre con ella una nueva época". El comité del Teatro Meyerhold aprobó por unanimidad estrenar la obra y el 5 de octubre Maiakovski firmó un contrato con el Teatro para ser asistente del director en el montaje de *Baño*.

Aunque Maiakovski, según sus palabras, no considerara "nunca mi obra como una 'monumento a mi mismo' completo y terminado, pues creo firmemente en las fuerzas creativas de la clase obrera; el público obrero me sirve de ayuda, hace críticas que intento aprovechar", en el número de noviembre de ese mismo año *Baño* se publicó en la revista literaria mensual moscovita *Oktyabr*.

Tras algunas lecturas públicas más, en círculos obreros, artísticos o académicos, el 20 de diciembre Maiakovski sometió el texto al comité correspondiente del Ministerio de Educación de la URSS, el cual, tras poner varios reparos y exigir que se suavizaran algunos pasajes, autorizó finalmente la representación de la obra.

Esta se estrenará el 30 de enero de 1930 en Leningrado, bajo la dirección de Vladimir Lyutse, discípulo de Vsévolod Meyerhold. El propio Maiakovski participó intensamente en los ensayos, modificando el texto en varias ocasiones.

La obra no fue bien acogida por el público. El escritor Mijaíl Zóschenko, que asistió al estreno, recordará: "la respuesta del público fue de una frialdad mortal; ni una risa, ni un aplauso durante los dos primeros actos. Nunca en mi vida asistí a semejante fracaso".

El 16 de marzo de 1930, la obra se estrenó en Moscú, en el Teatro Meyerhold y con música compuesta para la ocasión por Visarión Shebalín. También en la capital, el público reaccionó con indiferencia. Maiakovski acusó enormemente el fracaso. Se quedó sólo en el *foyer* del teatro mirando fijamente a los ojos de cada espectador que iba saliendo, intentando comprender qué ocurría.

Salvo por un tardío artículo en el *Pravda*, la reacción de la prensa fue muy hostil, ya desde el estreno de Leningrado. La *Krasnaya Gazeta* criticaba la superficialidad y simpleza con que la obra abordaba la cuestión del burocratismo, señalando que "el público no se involucró, intentando con indiferencia seguir una trama por momentos muy confusa".

El *Leningradskaya Pravda* concordaba en que la obra "no consigue hacer un análisis de clase del burocratismo; y el montaje de Lyutse es poco ingenioso y sólo recalca las falacias del autor".

La revista *Smena* dirá: "El tedio se impone durante la representación. Uno tan sólo espera a que acabe. El público se quedó gélido. El tema principal de la obra, la burocracia, se aborda de manera primitiva, y ninguna ocurrencia fantástica logra salvar esta cosa políticamente insípida... la producción del director no mejora la obra, más empeñado como está en la forma por la forma que en el contenido".

En un artículo del *Pravda* publicado el 9 de marzo -es decir, antes del estreno moscovita y teniendo como referente tan sólo la versión publicada en la revista *Oktyabr*- se acusa a Maiakovski de apoyar con su obra a la llamada, y por entonces ya extinta, Oposición de izquierda (facción del Partido Comunista existente entre 1923 y 1927, liderada por León Trotski).

La *Rabochaya Gazeta* sostendrá en un artículo del 21 de marzo que "todas esas máquinas del tiempo y mujeres fluorescentes no son más que confuso parloteo. La actitud desdeñosa del autor hacia nuestra realidad, en la que sólo ve charlatanes ignorantes, burócratas narcisistas, 'pasantes', es reveladora. Sus trabajadores son títeres que hablan el lenguaje pesado y afectado del propio Maiakosvki. En definitiva, una representación cansina y confusa, que sólo podrá interesar a un pequeño grupo de *gourmets* literarios. Los trabajadores no se tomarán ese 'baño' con entusiasmo".

Las críticas se multiplicarán en los distintos periódicos reiterando, con sospechosa unanimidad, un mismo defecto de fondo: la superficialidad. Sólo el 8 de abril, un nuevo artículo en el *Pravda*, firmado por Popov-Dubovski, jefe de la sección de Cultura, parece revertir la tendencia.

El 10 de abril, Maiakosvki asistió a la representación en el Teatro Meyerhold. El crítico Alexander Feralski recuerda haberlo visto "de pie, con la mirada perdida, fumando, apoyado contra el marco de la puerta; intenté animarle, recordándole el artículo de Popov-Dubovski publicado dos días antes. 'Es igual; ya es demasiado tarde', me respondió".

Cuatro días después, el 14 de abril de 1930, Vladimir Maiakosvki se suicidó.

Vladimir Maiakovski
(Baghdati, 1893 - Moscú, 1930)
Retratado en 1920

BAÑO

PERSONAJES

Camarada POBIEDONÓSIKOV, "archiprotodirector " de la dirección de componendas. POLIA, su mujer.

Camarada OPTIMÍSTENKO, su secretario.

ISAAC BELVEDONSKI, retratista, batallista, naturalista.

Camarada MOMENTÁLNIKOV, periodista.

Mister PONT KICH, extranjero.

Camarada UNDERTONE, dactilógrafa.

El malversador Nochkin.

Camarada VELOCIPEDKIN, de la caballería ligera.

Camarada CHUDAKÓV, inventor.

Madame MESALLIÁNSOVA, colaboradora del VOKS (Instituto de relaciones culturales con el extranjero) de la unión soviética.

Camarada FOSKIN obrero.

Camarada DVOIKIN obrero.

Camarada TROIKIN obrero.

Postulantes.

Presidente del Comité Doméstico.
Director del teatro.
Iván Ivánovich.
Muchedumbre del establecimiento.
Agente de la milicia.
Un acomodador.
La mujer fosforescente.

A la derecha, una mesa; a la izquierda, otra mesa.
Por todas partes, se ven diseños colgantes o desparra-
mados. En el centro, el camarada FOSKIN *suelda el aire*
con un soldador. CHUDAKÓV *pasa de una lámpara a*
otra, mientras examina unos planos.

VELOCIPEDKIN (*entra a la carrera*). -¿Qué? ¿El
pícaro Volga desemboca aún en el Mar Caspio?

CHUDAKÓV (*agitando sus planos*). -Sí, pero no por
mucho tiempo. Hipotequen sus relojes, y véndanlos.

VELOCIPEDKIN. -¡Muy bien! De todos modos, yo
ni siquiera compré uno.

CHUDAKÓV. -¡No lo compres! ¡No lo compres bajo
ningún pretexto! Muy pronto, esa tontería chata que
hace tictac parecerá más ridícula que una mecha en la
Central Hidroeléctrica del Dnieper, o más indefensa
que un toro en una autopista.

VELOCIPEDKIN. -¿Quieres decir que insectificaron
Suiza?

CHUDAKÓV. -¡Mejor que no metas la lengua en
esas mezquinas cuentas de la política de hoy! Mi idea

es más grandiosa. El Volga del tiempo humano, en el que nos arrojaron al nacer como troncos a la deriva, para girar y flotar con la corriente... ese Volga, en adelante, nos obedecerá. Haré que el tiempo vuele o se detenga, en cualquier dirección y con cualquier velocidad. La gente podrá apearse de los días, como los pasajeros del tranvía o del autobús. Con mi máquina, podrás detener un minuto de felicidad y gozarlo durante un mes, hasta que te aburra. Con mi máquina, podrás hacer vertiginosos los largos y pegajosos años de sufrimiento; hundiendo la cabeza entre los hombros, verás pasar por encima cien veces por minuto, sin rozarte ni lastimarte, el proyectil del sol, hasta que terminen los días grises. Mira, las chisporroteantes fantasías de Wells, el cerebro futurista de Einstein, los bestiales hábitos de sueño invernal de osos y de yogas... todo, todo eso está comprimido, condensado y unido en este aparato.

VELOCIPEDKIN. -No comprendo casi nada y, en todo caso, no veo absolutamente nada.

CHUDAKÓV. -¡Claro, ponte las gafas! Te ciegan estas placas de platino y de cristal, este reflejo de combinaciones luminosas. ¿Ves? ¿Ves?...

VELOCIPEDKIN. -Sí, veo...

CHUDAKÓV. -Mira, ¿te fijaste en estas dos reglas

graduadas, horizontal y vertical, como en las balanzas?

VELOCIPEDKIN. -Sí, veo ...

CHUDAKÓV. -Con estas reglas mediremos el cubo del espacio imprescindible. Mira, ¿ves este regulador de ruedecillas?

VELOCIPEDKIN. -Sí, veo ...

CHUDAKÓV. -Con esta llave aislaremos el espacio conectado, y quitaremos todo peso a todas las corrientes de la gravedad terrestre; con estas extrañas palanquitas, por último, conectaremos velocidad y dirección al tiempo.

VELOCIPEDKIN. -¡Comprendo! ¡Magnífico! ¡Estupendo! Eso quiere decir... se reúne, por ejemplo, un congreso pansoviético para tranquilizar las cuestiones suscitadas y, como es natural, se concede la palabra al camarada estatal Kohan, que trae el saludo de la Academia Nacional de Artes Científicas; pero, apenas comience a decir: "Camaradas, a través de los tentáculos del imperialismo mundial fluye la ola roja...", lo separo yo del Presidium y lanzo el tiempo a una velocidad de 150 minutos cada cuarto de hora. Durante hora y media, el camarada suda la gota gorda y saluda, saluda y suda la gota gorda, y el público lo mira. Apenas abrió la boca el académico... y ya se oyen aplausos atronadores. Todos dan un suspiro de alivio, alzan de los sillones sus posaderas fresquitas, ¡y al trabajo! ... ¿No es así?

CHUDAKÓV. -¡Puah, qué porquería! ¿Para qué me refriegas por la nariz a ese camarada Kohan? Lo que te explico es un asunto de repercusión ecuménica, la traducción del concepto tiempo, que deja de ser sustancia metafísica, noúmeno, para convertirse en algo real, sometido a acciones físicas y químicas.

VELOCIPEDKIN. -¿y yo de qué hablo? Hablo de lo siguiente: constrúyete una estación real con todas esas acciones químicas y físicas, y nosotros de allí tenderemos cables, digamos, a todas las incubadoras de gallinas: en 15 minutos haremos crecer una gallina de 10 kilos, enseguida le desconectamos el tiempo del enchufe que tiene bajo el ala... y sentadita, gallina, espera a que te asen y te coman.

CHUDAKÓV. -¿Qué incubadoras son esas? ¿Qué gallinas? Te voy a...

VELOCIPEDKIN. -¡Está bien, está bien! Piensa tú si quieres en jirafas y en elefantes, si te parece humillante preocuparte por el ganado menudo. Pero nosotros ya dispondremos todo eso para nuestros pollitos...

CHUDAKÓV. -¡Esas sí que son trivialidades! Presiento que, con tu materialismo práctico, no tardarás en convertirme a mí mismo en gallina. Apenas abra las alas y me eche a volar... me arrancarás las plumas.

VELOCIPEDKIN. -¡Vaya, está bien! ¡No te acalores! Pero, si ya te arranqué alguna de esas plumas, perdóname: enseguida volveré a colocártela en su sitio. ¡Vuela, que vuele tu fantasía: tu entusiasmo encontrará en nosotros un apoyo, no un obstáculo! ¡Ea, no te irrites, muchacho, echa a andar tu aparato, dale cuerda! ¿En qué puedo ayudarte?

CHUDAKÓV. -¡Atención! Bastará con que toque una rueda, para que el tiempo arranque y se ponga a oprimir y alterar el espacio, encerrado por nosotros en la caja de aisladores. Ahora les sacaré el pan de la boca a todos los augures, profetas y adivinos.

VELOCIPEDKIN. -Espera, Chudakóv, deja que me ponga allí, y a lo mejor en cinco minutos abandono las filas de los *komsomoles* y paso a figurar entre los Marx más barbudos. O bien no, me convertiré en viejo bolchevique, con trescientos años de afiliación. Entonces terminaré todos tus trámites en menos que canta un gallo.

CHUDAKÓV (*arrastrándolo aterrorizado*). -¡Con cuidado! ¿Te has vuelto loco? Si en años futuros debiera instalarse aquí la armazón de acero de un túnel subterráneo, tu cuerpo blanducho molestaría en el espacio ocupado por el acero, y en un instante quedarías convertido en polvo dentífrico. Y en el futuro, posiblemente, los vagones descarrilarán, mientras que aquí todo el túnel se irá a la abuelita del diablo por culpa de un extraordinario temporimoto de mil grados. Por ahora es peligroso lanzarse hacia allí, hay que esperar a que vengan los de allá. Lo haré girar lenta, lentamente... A lo sumo, cinco años por minuto...

FOSKIN. -Un momento, camarada, espera un minuto. Nada te cuesta dar vueltas a la manivela. Hazme el favor, mete en tu aparato esta célula del Estado -no por nada quise desprenderme de ella-, y es muy posible que en cinco minutos haya ganado 100.000.

VELOCIPEDKIN. -¡Bien pensado! Entonces habrá que meter allí al Comisariato de Finanzas en pleno, con Brujánov y todo, o de lo contrario habrás ganado, pero ellos no querrán creerte: pedirán las tablas,

CHUDAKÓV. -¡Esta sí que es buena! Les abro de par en par el porvenir, y ustedes ya se echaron sobre los rublos... ¡Puah, materialistas históricos!

FOSKIN. -Bobo, en seguida te ayudaré con la ganancia. ¿Tienes dinero acaso para tu experimento?

CHUDAKÓV. -Sí... ¿Tenemos dinero?

VELOCIPEDKIN. -¿Dinero? (*Golpean a la puerta.*

Entran Iván Ivánovich, Pont Kich; Mesalliánsova y Momentálnikov).

MESALLIÁNSOVA (a Chudakóv). *-Do you spcak English?* Vaya, entonces, *sprechen. Sie Deutsch?* Qué diablos, *parlez-vous français?* ¡Ya me parecía! Esto es fatigoso en extremo. Estoy obligada a traducir de nuestro idioma al obrero-campesino. *Monsieur* Iván Ivánovich, camarada Iván Ivánovich. Por supuesto, ¿ustedes conocen a Iván Ivánovich?

IVÁN IVÁNOVICH. -¡Salud, salud, queridos camaradas! ¡No se cohíban! Estoy mostrando nuestras conquistas, como suele decir Alexéi Maxímovich.[11] Yo mismo, en otro tiempo... ¡pero comprendan, es una carga pública! A nosotros, obreros y campesinos, nos hace mucha, mucha falta tener nuestro propio Edison rojo. Desde luego, una crisis de crecimiento, minúsculas deficiencias del mecanismo: hachan el bosque, y vuelan las astillas... Un esfuercito más... Y todo será cosa del pasado. ¿Ustedes tienen teléfono? ¡No tienen teléfono! Vamos, se lo pediré a Nicolai Ivánovich, no me dirá que no. Pero, si dice que no, podemos llegar al mismísimo Vladimir Panfílich: por supuesto, no me lo hará pedir dos veces. Cómo, si hasta Simeón Simeónovich no se cansa de decirme: "Nos hace falta,

1. Es decir, Máximo Gorki (N. del T.).

23

me dice, a nosotros, obreros y campesinos, nos hace falta nuestro propio Edison, soviético y rojo". Camarada Momentálnikov, hay que inaugurar una gran campaña.

MOMENTÁLNIKOV. -*Eccellenza*, ¡a vuestra orden! ¡Nuestro apetito no es mucho! Confiadnos una ta-ta-ta-tarea, y estará lista al minuto.

MESALLIÁNSOVA. -¡Monsieur Momentálnikov, camarada Momentálnikov! ¡Colaborador! ¡*Fellow-traveller*! Vio: el poder soviético crecía... se le incorporó. Mira: nosotros adelantamos... se nos unió. Si ve que otros se van... se marchará.

MOMENTÁLNIKOV. -Perfectamente, perfectamente cierto: ¡colaborador! Colaborador en la prensa anterior y posterior a la revolución. Sólo que me perdí la revolucionaria, compréndame. Aquí blancos, allí rojos, más allá verdes, Crimea, el movimiento clandestino. Me dediqué a vender en un tenducho. No era mío... sino de mi padre o, mejor dicho, simplemente de mi tío. Pero, por propia convicción, soy un obrero. Siempre dije que más valía morir bajo bandera roja que junto al muro. Es una consigna que podría reunir a gran cantidad de intelectuales de mi pelaje. *Eccellenza*, ¡a vuestra orden! ¡Nuestro apetito no es mucho!...

PONT KICH. -¡Je, je!

MESALLIÁNSOVA. -*Pardon*! ¡Discúlpeme! Mister Pont Kich, el señor Pont Kich. Británico anglosajón.

IVÁN IVÁNOVICH. -¿Estuvo usted en Inglaterra? ¡Ah, yo estuve en Inglaterra!... Ingleses por todas partes... Una vez, hasta compré una gorra en Liverpool, y también vi la casa en que vivió *Anti-Düring*. ¡Sumamente interesante! Hay que inaugurar una gran campaña.

MESALLIÁNSOVA. -Mister Pont Kich es muy conocido tanto en Londres como en la City, conocido como filatélico: Filatelista, (*ce qu'on appelle* estampillófilo en nuestro idioma), y está muy, muy interesado en los establecimientos químicos, la aviación y el arte en general. Un caballero muy: muy cultivado, y sumamente sociable. Hasta con algo de Mecenas. *Ce qu'on appelle*... caramba, ¿cómo puedo traducírles esto...? En su país, ayuda a los trabajadores del cinematógrafo, a los inventores... Sí, algo por el estilo de la RKI [Inspección Obrero-Campesina], sólo que al revés... *Vous comprenez?* Ya contempló Moscú desde el rascacielos del *Izvestia* (*Nachrichten*), y también estuvo en casa de Anatol Vasílich pero ahora dijo que deseaba visitarlo a usted... Tan cultivado y sociable hasta me dio él mismo su dirección.

FOSKIN. -Bribón narigudo: ¡con olfato!

MESALLIÁNSOVA. -*Please, sir!*

PONT KICH. -Mi Iván chillé puertas, y fieras comían. Mi fui al paraíso maniquí, y ver Indostán, salpimenté fieras inventariar...

MESALLIÁNSOVA. -Mister Pont Kich quiere decir, en su propia lengua, que en su brumosa patria todos, desde Macdonald hasta Churchill, están interesados como fieras en su invento, y que mucho, mucho le ruega...

CHUDAKÓV. -¡Sí, comprendo, comprendo! Mi invención pertenece a toda la humanidad y yo, desde luego, ahora mismo... Con mucho, mucho gusto. (*Conduce al extranjero, que ha sacado su libreta de apuntes, le muestra y le da explicaciones.*) Pues esto es así. Sí... sí... sí... Aquí dos manivelas, y en esta regla de cristal paralela y milimetrada... Claro... sí... sí... ¡precisamente! Y esto es así... Claro...

VELOCIPEDKIN (*llevándose aparte a Iván Ivánovich*). Camarada, hay que ayudar a este mozo. Fui a todas partes donde se lee: "No entre sin hacerse anunciar", y durante horas me metí donde dice: "Si terminas tu trabajo..." o cosas por el estilo, y casi llegué a pernoctar bajo el letrero: "No molestes con tu charla al que quiere trabajar...", y todo sin el menor resultado. A fuerza de trámites y por falta de valor para asignar algunos cientos de rublos, morirá tal vez un invento grandioso. Camarada, usted está obligado, con su autoridad...

IVÁN IVÁNOVICH. -¡Sí, es algo espantoso! Hachan el bosque... y vuelan las astillas. De aquí me voy sin pérdida de tiempo a la Archidirección de componendas. En seguida se lo diré a Nikolai Ignátich. Pero, si se niega, hablaré con el mismo Pável Bartolomeich... ¿Ustedes tienen teléfono? ¡Ay, no tienen teléfono! Minúsculas deficiencias del mecanismo... ¡Ah, para mecanismos los de Suiza! ¿Estuvieron ustedes en Suiza? ¡Yo estuve en Suiza!... Por todas partes, no se ven más que suizos. ¡Sumamente interesante!

PONT KICH (*mientras se guarda la libreta en el bolsillo, estrecha la mano de Chudakóv*). -Tío salió *railway* tranvía, de puerta en puerta, baja y no llegar por poco. Corre, 1ván. ¿Billetitos...?

MESALLIÁNSOVA. -Dice Mister Pont Kich que si hacen falta billetes...

VELOCIPEDKIN. -¿Hacerle falta? ¿A él? Ninguna falta, le importan un bledo los billetes. Hace un momento, corrí por él al Banco Central y me hundí hasta la cintura en billetcs. Hasta era repugnante. Me oprimen a través del bolsillo. Miren, aquí me pinchan billetes de dos rublos, aquí de tres, y en estos dos bolsillos solamente papeles de cien rublos. *All right! Good-bye! (Sacude la mano de Kich, lo abraza efusivamente y, con aire extasiado, lo conduce hasta la puerta.)*

MESALLIÁNSOVA. -Mucho les pido una pizca de tacto: con sus jugarretas de *komsomol* harán madurar, si no maduró ya, un tremendo conflicto internacional. *Good-bye!...* ¡Hasta la vista! ,

IVÁN IVÁNOVICH (*palmeando el hombro de Chudakóv, como despedida*). -Yo también, a sus años... Hachan el bosque, y vuelan las astillas. Nos es muy, muy necesario nuestro Edison soviético. (*Ya desde la puerta.*) ¿Ustedes no tienen teléfono? Bah, no importa, se lo diré sin falta a Nicandro Piramidónovich.

MOMENTÁLNIKOV (*saliendo con pasitos cortos, mientras canturrea*). -Eccellenza, ¡a vuestra orden!...

CHUDAKÓV (*a Velocipedkin*). -Lo bueno es que haya dinero.

VELOCIPEDKIN. -¡No hay dinero!

CHUDAKÓV. -¿Cómo, que no hay dinero? Entonces no entiendo para qué te vanagloriaste, hasta decir... y tanto peor es negarse, cuando nos hacen sólidas ofertas de parte de gobiernos extranjeros...

VELOCIPEDKIN. -¡Serás un genio, pero eres un ganso! ¿Te gustaría que tu idea se revistiese de acero y volara hacia nosotros desde Inglaterra, en forma de acorazado transparente y con el tiempo a sus órdenes? ¿Que atacara sin ser visto nuestras fábricas y nuestros *soviets*?

CHUDAKÓV. -Ah, sí, tienes razón... ¡Y yo que le conté todo! ¡Peor aún, él tomó notas en su libreta! ¿Por qué no me diste un tironcito de la manga? ¡Hasta lo acompañaste a la puerta, lo abrazaste!

VELOCIPEDKIN. -Bobo, no lo abracé en vano. De algo me tenía que servir mi infancia descarriada. No lo abracé por él... sino por su bolsillo. Aquí está la libreta inglesa. El inglés perdió su libreta.

CHUDAKÓV. -¡Bravo, Velocipedkin! Pero, ¿y el dinero?

VELOCIPEDKIN. -Chudakóv, para eso haré lo imposible. Me aferraré a las gargantas, aunque tenga que comerles la manzana de Adán. Voy a dar tantos moquetes, que las mejillas volarán por el aire. Ya traté de convencer a gritos a ese Optimístenko. Es liso y pulido como bola de jardín. En su pureza de espejo no se reflejan nada más que los jefes, sólo que patas para arriba. Casi lo convencí a fuerza de propaganda al contador Nochkin. Pero, ¿qué se puede hacer con ese maldito camarada Pobiedonósikov? Se limita a aplastarlo a uno con la lista de sus méritos y antigüedad en el partido. ¿Conoces su biografía? A la pregunta: "¿Qué hizo antes del año 17?", afirmó en las encuestas: "Estuve en el partido". En cuál... eso es lo que no se sabe, como tampoco si entre paréntesis escribió "b" o "m",[1] y lo más probable es que no fuera ni "b" ni "m";' Luego se escabulló de la cárcel, echando tabaco a los ojos del guardián. y ahora, al cabo de 25 años, el tiempo le echó a él, en los ojos, el tabaco de las mezquindades y minutas, y sus ojos lagrimean con satisfacción y benignidad. ¿Qué puede verse con ojos semejantes? ¿El socialismo? No, a lo sumo el tintero y el pisapapeles.

FOSKIN. -Camaradas, ¿qué quieren que suelde con saliva, qué? Habría que buscar otros dos obreros. Doscientos sesenta rublos como minimáximum.

POLIA (*entra a la carrera, agitando un paquete*). -Dinero... ¡qué divertido!

VELOCIPEDKIN (*entrega el dinero a Foskin, que sale corriendo*). -¡Vamos, vuela! ¡Toma un taxi! Procura material, ayudantes... y de vuelta. (*A Polia.*) ¿Qué, convenciste a la superioridad por vía familiar?

POLIA. -¿Acaso eso es posible con él? ¡Qué divertido! Silba como una boa papelera, cada vez que vuelve

1. Las iniciales se refieren, naturalmente, a las fracciones bolchevique o menchevique (N. del T.).

a casa, preñado de resoluciones. No es divertido. Ese Nochkin... es un contadorcillo de su dirección, y hoy lo vi por primera vez... Entró corriendo a la hora de comer, me deslizó el paquete y: "entrégueselos", me dijo... "en secreto..." ¡Qué divertido! Yo no puedo, dijo, llegar hasta ellos... para evitar la posibilidad de sospecha de complicidad. No es divertido.

CHUDAKÓV. -Este dinero, tal vez...

VELOCIPEDKIN. -Sí. Es algo que da que pensar, y me parece... ¡Bueno! ¡Es igual! Mañana lo pensaremos. (*Entran Foskin, Dvoikin y Troikin.*) ¿Listos?

FOSKIN. -Ya está.

VELOCIPEDKIN (*abrazándolos a todos*). -¡Ea, a la obra! ¡Vuelen, camaradas!

CHUDAKÓV. -Así, así... Las conexiones están soldadas. Los tabiques aisladores en orden. Verificamos la tensión. Según parece, es posible. Por primera vez en la historia de la humanidad... ¡Apártense! Conecto... ¡Una! ¡Dos! ¡Tres! (*Explosión de luces de bengala, humo. Se echan todos atrás, y un segundo después se lanzan al lugar de la explosión. Chudakóv se apodera, quemándose, de un trozo de papel cristalino y transparente, cuyo borde está rasgado y arrancado.*)

CHUDAKÓV. -¡Salten! ¡Ríanse a carcajadas! ¡Miren esto! Es... ¡una carta! Fue escrita dentro de cincuenta años. Se dan cuenta... ¡dentro de cincuenta años! ¡Qué giro inaudito! ¡Lean!

VELOCIPEDKIN. -¿Qué hay que leer? "T.V.R. 2-24-20". ¿Qué es eso? ¿El teléfono de algún camarada?

CHUDAKÓV. -No "T.V.R.", sino "Te veré". Solamente escriben las consonantes. Y 2 señala el orden vocálico: a-e-i-o-u. Una economía del 25 por ciento en el alfabeto. ¿Comprendieron? 24... es el día de mañana. 20... es la hora. Él o ella, estará aquí mañana... a las 8 de la noche. ¡Catástrofe! ¿Qué cosa...? ¿No ves, no ves este borde quemado y arrancado? Esto significa... que el tiempo tropezó con un obstáculo en su camino..., con algún cuerpo que, en uno de esos cincuenta años, solidificará este espacio que ahora está vacío. De ahí vino la explosión. Sin pérdida de tiempo, para no matar al que viene desde allá, necesitamos dinero... ¡Mucho! Hay que realizar el experimento cuanto antes y lo más alto posible, en el espacio más vacío. Si no me ayudan, me echaré este monstruo a la espalda. Pero mañana estará todo decidido. Camaradas, ¡vengan conmigo! (*Se lanzan a la puerta.*)

VELOCIPEDKIN. -¡Vamos, camaradas, tomémoslo por la solapa, obliguémoslo! ¡Me voy a tragar funcionarios, y después escupiré los botones! (*La puerta se abre antes de que lleguen.*)

PRESIDENTE DEL COMITÉ DOMÉSTICO. -Cuántas veces se lo dije: ¡vuelen todos de aquí con su tallercito privado! Le echan todo el mal olor al que vive arriba, al responsable inquilino, camarada Pobiedonósikov. (*Viendo a Polia*) ¡Cómo!... ¿Usted aquí? Quise decir, Dios ayude la actividad social de todos ustedes. Yo mismo les tengo preparado un soberbio ventiladorcito. ¡Hasta la vista!

ACTO SEGUNDO

Pared oficinesca de un recibidor. A la derecha, sobre la pared, se destaca un letrero iluminado: "No entre sin hacerse anunciar". Junto a la puerta detrás de su escritorio, OPTIMÍSTENKO, que recibe una larga hilera de pedigüeños. Éstos cubren todo el largo de la pared y copian los movimientos unos de otros, como naipes que se desmoronan. Cuando la pared se ilumina desde adentro, se ven solamente las negras siluetas de los postulantes, y la acción continúa en el despacho de POBIEDONÓSIKOV.

OPTIMÍSTENKO. -¿De que se trata, ciudadano?

PEDIGÜENO. -Se lo ruego, camarada secretario, compóngame, compóngame.

OPTIMÍSTENKO. -Eso es posible. Componer y conciliar... es muy posible. En toda cuestión es posible componer y conciliar. ¿Tiene usted relaciones?

PEDIGÜENO. -Tengo relaciones... tales que no dejan que me abra paso. Insultan y pelean, pelean e insultan.

OPTIMÍSTENKO. -¿Cómo es eso, la cuestión no le deja abrirse paso?

PEDIGÜENO. -No es la cuestión lo que me traba, sino Pashka Tigrolapov.

OPTIMÍSTENKO. -Perdón, ciudadano, ¿quién podría componer a Pashka?

PEDIGÜENO. -Eso es cierto, uno solo no podría reducirlo. Pero dos y tres, si usted lo dispone, podrán atarlo y dejarlo. Se lo ruego, camarada, ponga en su lugar a ese desaforado. Todo el departamento gime por su culpa...

OPTIMÍSTENKO. -¡Puff! ¿Cómo se atreve a molestar con semejantes pequeñeces a una importante dirección del Estado? Diríjase a la milicia... ¿En qué puedo servirla, ciudadanita?

PEDIGÜENA. -Concílienos, padrecito, concílienos.

OPTIMÍSTENKO. -Eso es posible... conciliar y también componer. En toda cuestión, es posible componer y conciliar. ¿Llegó a alguna conclusión?

PEDIGÜENA. -No, padrecito, era imposible darle reclusión. Dijeron los milicianos que lo posible, dicen, era recluirlo por una semana, pero yo, padrecito, ¿que comeré mientras tanto? Apenas salga de reclusión volverá a castigarme.

OPTIMÍSTENKO. -Perdón, ciudadanita, pero usted expresó que le hacia falta conciliar. Entonces, ¿para qué me pasa a su marido por la cara?

PEDIGÜENA. -Precisamente, con mi marido necesito reconciliarme, porque no vivimos de acuerdo, porque bebe y se pone melancólico. Pero tenemos miedo de tocarle, porque es del partido.

OPTIMÍSTENKO. -¡Puf! También a usted se lo digo, no venga con pequeñeces a una importante institución del Estado. No podemos ocuparnos de pequeñeces. El Estado se ocupa de cosas importantes... de fordismos y cosas por el estilo. (*Entran corriendo Chudakov y Velocipedkin.*) ¡Aja! ¿Y adónde van ustedes?

VELOCIPEDKIN (*tratando de apartar a Optimístenko*). -¡Tenemos que ver al camarada Pobiedonósikov, con urgencia, al minuto, sin tardar!

CHUDAKÓV (*repite*). -Al minuto... Sin tardar...

OPTIMÍSTENKO. -¡Ahá! Ya lo conozco. ¿Era usted mismo o un hermano suyo? Aquí llegó un hombre joven.

CHUDAKÓV. -Era yo mismo.

OPTIMÍSTENKO. -Pero n o... Aquél no tenía barba.

CHUDAKÓV. -Tampoco tenía bigotes cuando empecé a discutir con usted. Camarada Optimístenko, ¡es imprescindible acabar con esto! Tenemos que ver al propio archiprotodirector, nos hace falta el mismísimo Pobiedonósikov.

OPTIMÍSTENKO. -No es necesario. No es necesario que ustedes lo molesten. Yo mismo, en persona, puedo darles completa satisfacción. Todo está en orden. El asunto de ustedes esta perfectamente decidido.

CHUDAKÓV (*vuelve a preguntar, con alborozo*). -¿Completa satisfacción? ¿Sí?

VELOCIPEDKIN (*volviendo a preguntar, alborozado*). -¿Perfectamente decidido? ¿Sí? Es decir, ¿partieron por el eje a los burócratas? ¿Sí? ¡Estupendo!

OPTIMÍSTENKO. -¡Qué ocurrencia, camaradas! ¿Qué burocracia puede haber antes de una purga? Lo tengo todo en mi archivo, sin números de entrada ni de salida, por un novísimo sistema de fichas. ¡Uno!... encuentro el compartimiento de ustedes. ¡Dos!... saco la ficha correspondiente. ¡Tres!... tengo en mis manos la resolución... ¡Aquí está! (*Todos clavan la mirada en él.*) Ya se lo dije... perfectamente decidido. ¡Aquí está! De-ne-gar. (*Se oscurece el primer piano. Interior del despacho.*)

POBIEDONÓSIKOV (*dispone sus papeles, y también hace girar el disco del teléfono. Mientras tanto, no para de dictar*). -"...Por lo tanto, camaradas, este timbre de alarma tranviario y revolucionario no debe dejar de resonar, como un llamamiento, como una campanada a rebato, en el corazón de cada obrero y de cada campesino. Hoy los rieles de Ilich comunican la *Plaza del primer decenio de medicina soviética* con el *Mercado del heno*, ese viejo baluarte de la burguesía..." (*Al teléfono.*) Si, *aló! aló!...* (*Continúa su dictado*) ¿Quiénes viajaban en tranvía antes del 25 de octubre? Los intelectuales *déclassés*, los popes y los nobles. ¿Por cuánto viajaban? Viajaban a razón de 5 copecks por estación ¿En qué viajaban? En tranvías amarillos. ¿Quiénes viajarán ahora? Ahora viajaremos nosotros, los trabajadores del universo. ¿Cómo viajaremos? Viajaremos con todas las comodidades soviéticas. En un tranvía rojo. ¿Por cuánto? Solamente por diez copecks. Por lo tanto, camaradas..." (*Suena el teléfono. Al teléfono.*) Sí, sí, sí. De ningún modo... ¿Dónde los habíamos dejado?

DACTILÓGRAFA UNDERTONE. -En: "Por lo tanto, camaradas..."

POBIEDONÓSIKOV. -Ah, sí... " Por lo tanto, camaradas, recordad que León Tolstoi... es el más grandioso e inolvidable artista de la pluma. Su herencia del pasado brilla ante nuestros ojos en el límite entre dos mundos, como inmensa estrella de arte, como toda una constelación, como la más grande entre las más grandes constelaciones... como la Osa Mayor. León Tolstoi...

UNDERTONE. -Perdoneme, camarada Pobiedonósikov. Antes escribía usted sobre el tranvía, y ahora,
sin detenerlo, dejaron subir a León Tolstoi. Por lo que
puede entenderse, se cometió una infracción a los
reglamentos literario-tranviarios.

POBIEDONÓSIKOV. -¿Cómo? ¿Qué tranvía? Sí, sí...
Con estos eternos homenajes y discursos... ¡Por favor,
no interrumpa con observaciones en horario de trabajo! Para ejercer la autocrítica tiene a su disposición
el periódico mural. Continuemos... "También León
Tolstoi, también esa Osa Mayor de la pluma, si le
hubiese sido dado contemplar nuestras conquistas en
la forma del tranvía antes mencionado, también esa
Osa habría dicho a la cara del imperialismo mundial:
"¡No puedo guardar silencio!" Ahí están, los rojos fru-
tos de la educación universal y obligatoria. Y en estos
días jubilares..." ¡Monstruosidad! ¡Pesadilla! Que me
llamen aquí al camarada... al ciudadano contador
Nochkin. (*Se apaga el despacho de Pobiedonósikov.
Otra vez le toca el turno al recibidor. Interrumpen
Chudakov y Velocipedkin.*)

VELOCIPEDKIN. -Camarada Optimístenko, ¡esto es
una mofa!

OPTIMÍSTENKO. -Pero no, si no hay ninguna mofa.
Escucharon... y decidieron: denegar. No incluir ese

invento de ustedes en el plan contemplado para el próximo trimestre.

VELOCIPEDKIN. -Como si el socialismo pudiera organizarse en un solo trimestre, aunque sea el próximo.

OPTIMÍSTENKO. -¡Mejor será que no perturben con sus fantasías nuestra actividad de Estado! (*A Belvedonski, que quiere adelantarse.*) ¡Haga el favor! ¡Váyase al diablo! ¡Evapórese! (*A Chudakóv.*) La propuesta de ustedes no se concilia con el NKPS, y tampoco es necesaria para los obreros y campesinos en su más amplio sentido.

VELOCIPEDKIN. -¿Qué tiene que hacer aquí el NKPS [Comisariato Popular de Transportes]? ¡Eso es ser cabeza dura!

CHUDAKÓV. -Desde luego, nadie podría prever las consecuencias en toda su magnitud, y quizá, quizá, con el tiempo, sea posible utilizar mi invención, con provecho, en los problemas del transporte... para lograr una velocidad máxima y casi fuera del tiempo...

VELOCIPEDKIN. -Sí, sí, es posible entrar en componendas con el NKPS. Por ejemplo, toma usted asiento a las tres de la madrugada, y a las cinco... está ya en Leningrado.

OPTIMÍSTENKO. -¡Precisamente! ¿Qué les decía yo? ¡Denegar! ¡No tiene sentido práctico! ¿Para qué querríamos llegar a Leningrado a las cinco, cuando todas las oficinas están cerradas? (Se enciende la roja lamparilla del teléfono. Escucha y chilla.) A Nochkin... ¡que vea al camarada Pobiedonósikov!

(*Apartando a Chudakov y Velocipedkin, que se arrojan sobre él, Nochkin trota con pasos menudos hacia la puerta de Pobiedonósikov. Despacho de Pobiedonósikov.*)

POBIEDONÓSIKOV (*haciendo girar el disco, mientras sopla en él*). -¡Puf! ¿Iván Nicanórich? ¡Salud, Iván Nicanórich! Te pido que me consigas dos pasajes. Por supuesto, internacionales. ¿Cómo, que ya no te ocupas de eso? ¡Puf! Con este cargo, uno se aleja cada vez más de las masas. Hace falta un pasaje, y no sabe a quién telefonear. *¡Aló, aló!* (*A la dactilógrafa.*) ¿Dónde habíamos quedado?

UNDERTONE. -"Por lo tanto camaradas..."

POBIEDONÓSIKOV. -"Por lo tanto, camaradas, Alejandro Simeónovich Pushkin, no superado autor de la opera *Eugenio Oneguin*, así como de la pieza de igual nombre..."

UNDERTONE. -Perdóneme, camarada Pobiedonósikov, pero usted al principio echó a correr un tranvía, luego sentó en él a Tolstoi, y ahora subió Pushkin... y sin que el tranvía se detuviera.

POBIEDONÓSIKOV. -¿Qué Tolstoi es ese? ¡De que tranvía me habla? ¡Ah, sí, sí! Con estos eternos homenajes... Por favor, ¡nada de réplicas! Yo aquí, con toda circunspección y perfección, escribo sobre un solo tema, sin la menor desviación, y en cambio usted... Y Tolstoi, Pushkin y hasta Byron si quiere... habrán vivido en distintas épocas, pero todos se honran juntos y en general. Bien podría escribir yo un artículo de fondo, como directiva básica y usted después, sin tergiversaciones de autocrítica, podría recortar el artículo según los diversos problemas, si se mantuviera en su lugar. ¡Pero le interesa más pintarse los labios y ponerse polvo! ¡No hay sitio para usted en nuestra institución! Ya es hora de que entraran obreros en el secretariado, olvidándose de las jóvenes *komsomolkas*. Le ruego que desde hoy mismo... (*Entra Belve-donski.*) ¡Salud, salud, camarada Belvedonski! ¿Cumplida la tarea? ¿Con ritmo acelerado?

BELVEDONSKI. -Cumplida, por cierto, cumplida. Casi sin pegar los ojos, por así decirlo, en socialista emulación conmigo mismo; pero cumplida en consonancia con el pedido social y con un anticipo del trescientos por ciento. Camarada, ¿tendría a bien echar un vistazo a su futuro mobiliario?

POBIEDONÓSIKOV. -¡Venga esa demostración!

BELVEDONSKI. -¡Por favor! Desde luego, usted sabe y comprende, como dijo un famoso historiador, que los estilos son de diversos Luises. Ahí tenemos el Luis XIV Decimocuarto, así llamado por los franceses, después de la revolución del año cuarenta y ocho, porque vino después del Decimotercero. Y ahora vea este Luis Jacob y, por último, me permito recomendarle, como más adecuado a nuestro tiempo, este Luis *Mauvais Goût*.

POBIEDONÓSIKOV. -Los estilos no están mal, están bien elegidos. Pero, ¿qué hay del precio?

BELVEDONSKI. -Los tres Luises salen aproximadamente al mismo precio.

POBIEDONÓSIKOV. -En tal caso, pienso que nos detendremos en Luis XIV. Pero, por supuesto, en consonancia con las disposiciones del RKI sobre abaratamiento, le propongo que como medida urgente enderece las patitas de sillas y sofás, les quite los dorados para barnizarlos en roble veteado, y les ponga aquí y allá el escudo soviético, en los respaldos y otros lugares prominentes.

BELVEDONSKI. -¡Encantador! Hubo más de quince

Luises, pero hasta ahora no se les había ocurrido pensar en ello, y usted de golpe... ¡dio con el estilo bolchevique, el estilo revolucionario! Camarada Pobiedonósikov, permítame continuar con su retrato, para eternizarlo como administrador innovador, y también como dispensador de créditos. La cárcel y el destierro lo piden a gritos, la revista, desde luego. El museo de la revolución lo pide a gritos: se les manda el original... ¡se lo arrancarán de entre las manos! Y las copias, en cuotas moderadas y deducibles del sueldo, las arrebatarán sus agradecidos compañeros de trabajo. ¿Me permite?

POBIEDONÓSIKOV. -¡De ninguna manera! Por semejantes majaderías no puedo abandonar el timón del poder; pero, si es imprescindible para la exactitud histórica, y si puede hacerse a ratos perdidos, sin desmedro del trabajo, ¡encantado! Yo me sentaré aquí, junto a mi escritorio, pero tu represéntame en forma retrospectiva, como si estuviera a caballo.

BELVEDONSKI. -Su caballo ya lo bosquejé en casa de memoria, inspirándome en las carreras: no me querrá creer, pero en algunos pasajes necesarios me miré en el espejo. Lo único que ahora me resta por hacer es acollararlo a usted con el caballo. Permítame apartar un poco este cestillo de papeles. ¡Cuánta modestia unida a tantos méritos! Purifíqueme esa línea de su pierna guerrera. Con qué pureza brilla ese botín, sinceramente... dan ganas de lamerlo. Únicamente en Miguel Ángel se encontraría una línea tan pura. ¿Conoce usted a Miguel Ángel?

POBIEDONÓSIKOV. -Angélov, ¿algún armenio?

BELVEDONSKI. -Italiano.

POBIEDONÓSIKOV. -¿Fascista?

BELVEDONSKI. -¡Cómo se le ocurre!

POBIEDONÓSIKOV. -No lo conozco.

BELVEDONSKI. -¿No lo conoce?

POBIEDONÓSIKOV. -¿A mi me conoce?

BELVEDONSKI. -No lo sé... también era pintor.

POBIEDONÓSIKOV. -¡Ah! Bien podría conocerme. Sepa que pintores hay muchos, archidirector... uno solo.

BELVEDONSKI. -Me tiembla el lápiz. No es fácil dar la dialéctica del carácter, junto a la humildad general de costumbres. ¡Su autorrespeto, camarada Pobiedonósikov, es algo titánico! Brille con sus miradas a través del hombro derecho y hacia el lado de la estilográfica. Tenga a bien inmortalizar este momento.

POBIEDONÓSIKOV. -¡Adelante! (*Se presenta Nochkin.*) ¿usted?

NOCHKIN. -Yo...

POBIEDONÓSIKOV. -¿Doscientos treinta?

NOCHKIN. -Doscientos cuarenta.

POBIEDONÓSIKOV. -¿Se los bebió...?

NOCHKIN. -Los jugué.

POBIEDONÓSIKOV. -¡Monstruoso! ¡Incomprensible! ¿Qué es? ¡Un malversador! ¿Dónde? ¡En mi casa! ¿En qué momento? Mientras yo conduzco mi institución hacia el socialismo, siguiendo las huellas geniales de Karl Marx y de acuerdo con las instrucciones del centro.

NOCHKIN. -¿Qué hay con eso? Karl Marx perdió dinero a los naipes.

POBIEDONÓSIKOV. -¿Karl Marx? ¿A los naipes? ¡¡Jamás!!

NOCHKIN. -Esa es buena, ¡jamás!... ¿Qué escribió Franz Mering? ¿Qué escribió en la página setenta y dos de su trabajo capital *Karl Marx en la vida privada*? ¡Jugaba! Sí, jugaba nuestro gran maestro...

POBIEDONÓSIKOV. -Yo, desde luego, leí y conozco a Mering. En primer lugar, exagera y, en segundo, es cierto que Karl Marx jugaba, pero no en juegos de azar, sino en venturas comerciales.

NOCHKIN. -Pues un condiscípulo suyo, camarada y contemporáneo, Ludwig Feuerbach, escribió que también a juegos de azar.

POBIEDONÓSIKOV. -Leí, desde luego, al camarada Feuerbach. Karl Marx también jugaba a veces a los de azar, pero no por dinero...

NOCHKIN. -Sí, señor... ¡por dinero!

POBIEDONÓSIKOV. -Bueno, su propio dinero, pero no el del Estado.

NOCHKIN. -Admitámoslo: todo el que haya estudiado a Marx sabe que existió, en verdad, un caso memorable en que se jugó los dineros públicos.

POBIEDONÓSIKOV. -Por supuesto, ese caso memorable, a título de precedente histórico, nos obligará a tratar con más consideración una conducta como la suya pero, de todos modos...

NOCHKIN. -¡Déjese de dar vueltas a la noria! Jamás jugó Karl Marx a ningún juego de naipes. Pero, ¿para qué tratar de convencerlo? ¿Comprende usted acaso al ser humano? Lo único que le importa es actuar de acuerdo con los ejemplos y los párrafos. ¡Puah, cartera rellena de papeles! ¡Broche de oficina!

POBIEDONÓSIKOV. -¡¿Cómo?! ¿Encima de mofa? ¿De la superioridad inmediata y responsable y también de la mediata?.. Pero no, ¿qué estoy diciendo? ¡De la sombra sin responsabilidad de Marx!... ¡No lo toleraré! ¡¡Deténganlo!!

NOCHKIN. -Camarada Pobiedonósikov, no se

moleste en tocar timbres; yo mismo iré a comunicarlo a la Oficina de Asuntos Criminales.

POBIEDONÓSIKOV. -¡Pondré fin a esto! ¡No lo toleraré!

BELVEDONSKI. -¡Camarada Pobiedonósikov! ¡Un instante! Mantenga esa pose tal como está. Permítame inmortalizar este momentito.

UNDERTONE. ¡Ja, ja, ja!

POBIEDONÓSIKOV. -¿Le demuestra simpatía? ¿A un malversador? ¿Se ríe? ¿Y para colmo con los labios pintados?... ¡Fuera! (*Queda solo, hace girar el disco.*) ¡Uf, uf!... ¿Quién habla? Alexandr Petróvich. Pues desde hace tres días te... ¿Te eligieron? Te felicito. Vaya, ¡faltaba más, faltaba más! ¿Qué duda podía caber?... Como siempre, días y noches, de sol a sol... Sí, hoy, por fin... Dos pasajes. Salón, primera clase. Con dactilógrafa. ¿Qué tiene que ver con esto la RKI? Fatalmente tengo que terminar de dictar un informe. ¿Qué importancia pueden tener doscientos cuarenta rublos, ida y vuelta? Sí, los cargaremos en viáticos o de alguna otra manera. Con urgencia, por mensajero... Sí, por supuesto, haré adelantar lo tuyo... ¡Claro, claro! Cabo Verde... Para mi. Bien, te doy un responsable apretón de mano. (*Cuelga el receptor, mientras tararea el tema del toreador.*) ¡Aló, aló!

(*En el recibidor. Atacan Chudákov y Velocipedkin.*)

OPTIMÍSTENKO. -Pero, ¿dónde quieren meterse, al fin y al cabo? Por lo menos respeten los esfuerzos y la actividad del personal del Estado. (*Entra Mesalliánsova. De nuevo quedan postergados Chudakóv y Velocipedkin.*) No, no... Fuera de turno, de acuerdo con un teléfonograma. (La conduce del brazo, mientras le habla.) Todo listo... ¡y cómo no! Le comuniqué con aire de importancia que su consorte iba a visitar a los *komsomoles*. ¡Hay que ver cómo se enfureció al principio! No toleraré, dijo, estos galanteos intemperantes, sin afiliación seria y sin base oficial... pero, más tarde, hasta se alegró. También liquidó a la mecanógrafa, alegando la poca ética de sus labios. ¡Pase directamente, sin temores! Debajo de cada hojita, tiene ya su lugarcito... (*Sale Mesalliánsova.*)

CHUDAKÓV. -¡Vean, ahora dejaron pasar a ésa! Camarada, comprenda usted también: ninguna fuerza científica, ninguna fuerza maléfica podrá detener lo que se nos acerca. Si no llevamos nuestro experimento al espacio que domina la ciudad, hasta podría haber una explosión.

OPTIMÍSTENKO. -¿Una explosión? ¡No me venga con historias! Déjese de amenazar a una institución del Estado. No nos está permitido agitarnos y ponernos nerviosos pero, cuando se produzca la explosión, ya sabremos acusarlo donde corresponde.

VELOCIPEDKIN. -¡Entiende por fin, cabeza dura!... Esto es lo que tienes que ir a acusar donde corresponda y donde no corresponda. La gente arde en deseos de trabajar en bien de toda la población del universo trabajador y tu, pedazo de intestino ciego, orinas en su entusiasmo con tus enredos oficinescos. Si...

OPTIMÍSTENKO. -¡Les rogaré que no penetren en terreno personal! La personalidad no desempeña en la historia ningún papel relevante. No estamos ya en tiempos del zar. Entusiasmo se exigía antes. Pero ahora tenemos el materialismo histórico, y nadie les pide que sientan entusiasmo. (*Vuelve Mesalliánsova.*) Dispérsense, ciudadanos, se acabó la visita.

MESALLIÁNSOVA (*Con una cartera bajo el brazo, canturrea*). -¡Oh, bayadera, que bonita eres tú! Tara-ram-tararam...

ACTO TERCERO

La escena es prolongación de las hileras de especta-
dores. En primera fila, hay algunos lugares libres. Señal
de " Empezamos". El público clava sus binóculos en la
escena, la escena clava sus binóculos en el público.
Comienzan a oírse silbidos, pataleos y gritos: "¡Ya es
hora!"

DIRECTOR DE ESCENA. -Camaradas, ¡no se agiten!
Circunstancias de fuerza mayor nos obligan a aplazar,
por breves minutos, la iniciación del tercer acto. (Pasa
un minuto, y vuelven a gritar: "¡Ya es hora!".) ¡Un
minuto, camaradas! (A un costado.) ¿Qué pasa, vie-
nen ya? No es fácil alargar así. Al fin y al cabo, también pueden conversar después; que vaya alguien al
foyer, a insinuárselo con cortesía. Ah, ¡ya llegan!... Por
aquí, camaradas. ¡No, cómo se les ocurre! ¡Fue un
placer! Vamos, un minuto no tiene importancia, o
aunque fuera media hora: esto no es un tren, siempre
se puede detener. Todos comprenden en qué época
vivimos... Pueden presentarse asuntos estatales, y
hasta planetarios. ¿Asistieron al primero y al segundo

acto? Y bien, qué tal, qué tal ? A todos nos interesa, por supuesto, la impresión y, en general, la opinión...

POBIEDONÓSIKOV. -¡No está mal, no está mal! Es lo que estábamos diciendo con Iván Ivánovich. Captado con agudeza. Bien observado. Y sin embargo, no se por qué razón...

DIRECTOR. -Todavía es posible corregirlo, y a ello aspiramos en todo momento. Bastará con que nos formulen sugestiones concretas... y en un abrir y cerrar de ojos...

POBIEDONÓSIKOV. -Todo está condensado; no ocurre así en la vida... Hablemos, por ejemplo, de ese Pobiedonósikov. Es incómodo, después de todo... Imaginado, a juzgar por todos los detalles, como camarada responsable, y sin embargo lo muestran bajo una luz tan poco favorecedora, y para colmo lo bautizaron como "archiprotodirector". ¡Entre nosotros no existe gente así! ¡Es poco natural, poco vital, inverosímil! Habría que reelaborarlo, pulirlo: poetizarlo: redondearlo...

IVÁN IVÁNOVICH. -Sí, sí, es incómodo. ¿Ustedes tienen teléfono? Voy a llamar a Fiódor Fiódorovich, quien, desde luego, no me lo hará pedir dos veces... ¡Ah! ¿Incómodo mientras se desarrollaba la acción? En fin, después hablaremos de eso. Camarada Momentálnikov, hay que inaugurar una gran campaña.

MOMENTÁLNIKOV. -*Eccellenza*, ¡a vuestra orden! Mucho apetito no habemos. Decidnos media palabra... y al minuto insultaremos.

DIRECTOR. -¿Qué les pasa? ¿Qué les pasa, camaradas? Es algo que está en consonancia con la autocrítica publicada, y aceptado por el Comité de Literatura Oficial a título de excepción, como tipo literario negativo.

POBIEDONÓSIKOV. -¿Qué dijo usted? ¿"Tipo"? ¿Es lícito acaso insultar de ese modo a un personaje estatal responsable? Así se podría hablar únicamente de un patán cualquiera, totalmente fuera del partido. ¡Tipo! Sea como fuere, no es un tipo sino, así como así, un archidirector designado por los órganos directivos, y ustedes lo llaman... ¡tipo! Y, si observaron en sus actos alguna infracción antilegal, lo que corresponde es comunicarlo adonde se debe: asunto, investigación y por último, una vez que la procuraduría ha verificado las informaciones -informaciones publicadas ya por el RKI-, es posible transformarlas en imágenes simbólicas. Esto lo comprendo, pero exponer así a la carcajada pública, en el teatro...

DIRECTOR. -Camarada, tiene usted toda la razón del mundo, pero ocurre que en el curso de la acción ..

POBIEDONÓSIKOV. -¿Acción? ¿Qué acciones son esas? A ustedes no les corresponde acción de ninguna naturaleza. La misión de ustedes es exponer pero... ¿actuar? ¡No se molesten! De eso se encargarán sin consultarlos los miembros responsables del partido y órganos soviéticos. Además, también habría que exponer los aspectos luminosos de nuestra realidad. Representar un buen modelo, por ejemplo nuestra institución, en la que yo trabajo... o a mí mismo, por ejemplo...

IVÁN IVÁNOVICH. -¡Sí, sí! Vaya a su institución. Las directivas se cumplen, las circulares circulan, la racionalización es un hecho, los papeles se acumulan durante años en perfecto orden. Para solicitudes, quejas y notas... se utiliza una cadena sin fin. Un verdadero rinconcito de socialismo. ¡Sumamente interesante!

DIRECTOR. -Pero, camarada, permítame...

POBIEDONÓSIKOV. -¡No le permito! ¡No tengo derecho, y hasta me admiro de que le hayan permitido algo semejante! Algo que nos desacredita a los ojos de toda Europa. (*A la Mesalliánsova.*) Por favor, est o no lo traduzca.

MESALLIÁNSOVA. -¡Ah, no, no, *all right*! Acaba de llenarse de caviar en un banquete, y ahora está adormilado.

POBIEDONÓSIKOV. -¿Y a quién presenta como nuestro antagonista? ¿A un inventor? ¿Puede saberse qué inventó? ¿Inventó el freno Westinghouse? ¿Imaginó la pluma estilográfica? ¿No habría tranvías sin él? ¿Oficializó las tareas racionalicescas?

DIRECTOR. -¿Cómo dijo?

POBIEDONÓSIKOV. -Quise decir: ¿racionalizó las tareas oficinescas? ¡No! Entonces, ¿para qué hablar de él? ¡Soñadores no nos hacen falta! Socialismo... ¡ése es el balance!

IVÁN IVÁNOVICH. -Sí, sí. ¿Estuvo usted en la contaduría? Yo estuve en una contaduría... cifras y cifras por todas partes, grandes y minúsculas, de todos los tamaños, pero al final todas se ponen de acuerdo. ¡Un balance! ¡Sumamente interesante!

DIRECTOR. -Camarada no nos interprete mal. Podemos equivocarnos, pero quisimos que nuestro teatro colaborara en la lucha y en la organización del socialismo. Miran... se ponen a trabajar, miran... y se alarman, miran... y se despabilan.

POBIEDONÓSIKOV. -Pues yo le rogaré, en nombre de todos los obreros y campesinos, que a mí no me alarme ni me despabile. ¡Vaya... se siente usted despertador! Usted debe halagarme el oído, no alarmarme; su oficio es acariciarme la vista, no alarmarme.

MESALLIÁNSOVA. -Sí, sí acariciar.

POBIEDONÓSIKOV. -Deseamos descansar, una vez cumplida la tarea estatal y de bien público. ¡Volvamos a los clásicos! Aprendan de los mayores genios del maldito pasado! Cuántas veces se lo repetí. Recuerde cómo cantó el poeta:

> Después de muchas sesiones...
> No siento alegría ni pena:
> Un futuro sin pasiones
> y mis pasos, tarán, tarán, en la arena...

MESALLIÁNSOVA. -Por supuesto, el arte debe ser reflejo de la vida, de una vida hermosa, de seres vivos y hermosos. Que nos muestren hermosos zoospermas en medio de bellos paisajes y, en general, la descomposición burguesa. Si es necesario para la propaganda, muéstrenos también la danza del ombligo. O bien, por ejemplo, cómo se desarrolla en el corrompido Occidente la lucha contra las viejas costumbres. Muéstrenos en escena, por ejemplo, que en París no hay organizaciones femeninas pero en cambio tienen el fox-trot, o bien qué tipo de faldas de nueva hechura lleva el mundo viejo y decrépito... *Ce qu'on appelle beau monde.* ¿Me explico?

IVÁN IVÁNOVICH. -¡Sí sí! ¡Muéstrenos algo hermoso!. En el teatro *Bolshoi* nos muestran siempre algo hermoso. ¿Fueron a ver *La amapola roja*? Yo fui a ver *La amapola roja.* ¡Sumamente interesante! Por todas partes revolotean con flores, cantan y bailan diversos elfos y... sifílides.

DIRECTOR. -¿Sílfides quiso decir usted?

IVÁN IVÁNOVICH. -¡Exactamente! Muy bien observado... sílfides. Hay que inaugurar una gran campaña, Sí, sí, revolotean suelfos y... sibilinos. ¡Sumamente interesante!

DIRECTOR. -Perdóneme, pero elfos ya tuvimos bastantes, y su ulterior multiplicación no se contempla en el Plan Quinquenal. Además, dado el carácter de la obra, nada tienen que hacer con nosotros. Pero, en lo tocante a la necesidad de reposo, decididamente comprendo lo que usted quiere decir, y se introducirán en la pieza las variaciones correspondientes, a manera de audaces y graciosos entremeses. Ahí lo tenemos, por ejemplo, al supuesto camarada Pobiedonósikov: bastará con darle un tema quisquilloso... y hará que todo el mundo se ría a carcajadas. Iré a dar al momento un par de indicaciones, y todo su papel chispeará como un diamante. Camarada Pobiedonósikov, tome en sus manos tres o cuatro objetos diversos, por ejemplo, papel, pluma, firma y partmáximum, y realice con ellos algunos pases juglarescos. Arroje la pluma, recoja el papel... asiente la firma, cobre el partmáximum, arrebate la pluma, tome el papel... asiente la firma, recoja el partmáximum. ¡Una, dos tres, cuatro! ¡Una, dos, tres, cuatro! Día soviético. Día del partido. Bu-ró-cra-ta. Día soviético. Día del partido. Bu-ró-cra-ta. ¿Les llega?

POBIEDONÓSIKOV (*en éxtasis*). -¡Bravo! ¡Excelente! Sin la menor decadencia: ¡no se le cae nada! Espléndido para desentumecerse.

MESALLIÁNSOVA. *-Oui, c'est tres pédagogique.*

POBIEDONÓSIKOV. -La agilidad de movimientos es de gran importancia moralizadora para quien se inicie en cualquier carrera. Comprensible, sencillo, hasta los niños podrían venir a verlo. Entre nosotros, nuestra clase -la clase joven, trabajadora- es un niño grande. Claro que algo enjuta, sin esa redondez, esa jugosidad...

DIRECTOR. -Pues bien, si les gusta esto, los horizontes de la fantasía son aquí ilimitados. Sin mayor ensayo, podemos ofrecerles una imagen simbólica con todos nuestros efectivos histriónicos. (*Bate palmas.*) Personal masculino libre... ¡a escena! Apóyense sobre una rodilla e inclínense, con aire de servilismo. Golpeen con un pico invisible, que sostienen en la mano visible, un carbón invisible. La expresión, más sombría la expresión... Fuerzas oscuras los oprimen con su malignidad. ¡Espléndido! ¡Salió!... Usted será el Capital. Póngase de este lado, camarada Capital... Dance aplastando a todo el mundo con su aspecto de clase dominante. Abrace una dama imaginaria con mano invisible, mientras bebe un *champagne* imaginario. ¡Salió! ¡Espléndido! ¡Continúen! Personal femenino libre... ¡a escena! Usted será... la Libertad, con ademanes adecuados. Usted será... la Igualdad, es decir, lo mismo da que lo haga una como otra. Usted, en cambio, será la Fraternidad... de todos modos, no creo despierte otros sentimientos. ¿Ya están listas? ¡Mano s a la obra! Exalten con un llamamiento imaginario a masas también imaginarias. ¡Contagien, contagien a todos su entusiasmo! ¿Qué hacen?... Levanten más alto esa pierna, simulando una exaltación imaginaria. Capital, dance entretanto hacia la izquierda con aspecto de Segunda Internacional. ¿Para qué agita las manos? Extienda los tentáculos del imperialismo... ¿No tiene tentáculos? Entonces, ¿para qué se hizo actor? Extienda lo que le dé la gana. Seduzca con riquezas imaginarias a las damas bailarinas. Señoras, rehúsense con vivo movimiento de la mano izquierda. ¡Así, así! Imaginarias masas de trabajadores, ¡rebélense simbólicamente! ¡Capital, caiga con belleza! ¡Espléndido!... Capital, ¡expire con efecto! ¡Muera entre pintorescas convulsiones! ¡Insuperable! Personal masculino libre, quebranten grillos imaginarios y álcense hacia el símbolo del sol. Agiten las manos con aire de victoria. Libertad, Igualdad, Fraternidad, simulen la férrea marcha de las cohortes obreras. Pateen, como si fuera con pies obreros, como si fuera al Capital, como si estuviera derrocado.... Libertad, Igualdad, Fraternidad, exhiban una sonrisa, como si se alegraran. Personal masculino libre, finjan ser... "los nada de hoy" e imagínense que serán... "todo han de ser". Escalen los hombros unos de otros, reflejando la etapa de emulación socialista. ¡Espléndido!... Construyan una torre, como si fuera de cuerpos potentes, personificando en una imagen plástica el símbolo del comunismo... Agiten la mano que tengan libre con un martillo imaginario, según el ritmo de un país libre, dando a entender el *pathos* de la lucha Orquesta, ¡aumente en la música el estrépito industrial! ¡Así! ¡Espléndido!

Personal femenino libre... ¡a escena! Coronen con guirnaldas imaginarias a los obreros del ejército inmenso y mundial del trabajo, con flores que simbolicen la felicidad que brota con el socialismo. ¡Espléndido! ¡Por favor! ¡Terminar! Pantomima de reposo, sobre el tema: "Capital y trabajadores dan de comer a los actores".

POBIEDONÓSIKOV. -¡Bravo! ¡Excelente! ¿Y cómo, con semejante talento, puede usted desperdiciarse en calderilla de actualidad, en folletines de tres al cuarto? Esto sí es arte para mí, para lván Ivánovich, para las masas.

IVÁN IVÁNOVICH. -¡Sí, sí, sumamente interesante! Tienen ustedes teléfono? Llamaré a... a alguien voy a llamar. Mi alma desborda de entusiasmo. ¡Esto se contagia! Camarada Momentálnikov hay que inaugurar una gran campaña

MOMENTÁLNIKOV. -*Eccellenza*, ¡a vuestra orden! Nuestro apetito no es grande. Dadnos sólo pan y circo... y aplaudimos al instante.

POBIEDONÓSIKOV. -Muy, pero muy bien! ¡Está todo! Lo único que le falta introducir es la autocrítica. De esta manera simbólica, todo será muy de nuestro tiempo. Pongan a alguien en una mesilla a un costado, y escriba sus artículos, mientras ustedes aquí se ocupan de la función. Muchas gracias, hasta la vista. No quiero impresiones vulgares y pesadas, después de tan elegante fin de fiesta. ¡Lo saluda un camarada!

IVÁN IVÁNOVICH. -¡Saludo de camarada! A propósito, ¿cuál es el apellido de esa pequeña artista, la tercera de aquel lado? Muy lindo y gracioso... su talento... Hay que inaugurar una campaña pública, o aunque sea en privado, así, así... ella y yo. La llamaré por teléfono. O bien, que me llame ella.

MOMENTÁLNIKOV. -*Eccellenza*, ¡a vuestra orden! Su pudor no es lo más grande. Descubramos su teléfono, y llamemos al instante.

(*Dos acomodadores interceptan a Velocipedkin, que quería insinuarse hasta la primera fila.*)

ACOMODADOR. -¡Ciudadano, eh, ciudadano! Se le pide cortésmente: ¡ahueque de aquí cuanto antes! ¿Donde se mete?

VELOCIPEDKIN. -Necesito llegar hasta la primera fila.

ACOMODADOR. -¿Y no necesitaría también pasteles gratis? Se le pide cortésmente ¡Ciudadano, eh, ciudadano! Su entrada es para el sector obrero, y usted pretende mezclarse con el público limpio.

VELOCIPEDKIN. -Voy a la primera fila, tengo que ver al camarada Pobiedonósikov por un negocio.

ACOMODADOR. -¡Ciudadano, eh, ciudadano! Al teatro se viene por placer, no por negocios. Se le pide cortésmente ¡ponga pies en polvorosa!

VELOCIPEDKIN. -El placer es preocupación para pasado mañana, pero mi negocio es de hoy y bien de

hoy: si es necesario, no hablemos de la primera fila...
¡soy capaz de volcarles todas las filas, con palcos y
todo!

ACOMODADOR. -Ciudadano, se le pide cortésmente: ¡salga volando! ¡No pagó en el guardarropa, no
compró el programa, y para colmo no tiene entrada!

VELOCIPEDKIN. -Claro, si yo no vine a ver nada.
Con el asunto que me trae, el carnet del partido
debería bastarme para entrar... ¡Vengo a hablar con
usted, camarada Pobiedonósikov!

POBIEDONÓSIKOV. -¿Para qué chilla? ¿Y quién es
éste? ¿A qué Pobiedonósikov se refiere?

VELOCIPEDKIN. -Bromas aparte, déjese de chistes.
Usted es él, y yo vengo a verlo, al archidirector Pobiedonósikov.

POBIEDONÓSIKOV. -Es necesario conocer, si no el
nombre y patronímico, por lo menos el apellido, antes
de dirigirse a un exaltado y responsable camarada.

VELOCIPEDKIN. -Ya que eres responsable, contésta-
me: ¿por qué en tu oficina mantienen congelada la
invención de Chudakóv? Los minutos están a nuestra
disposición. La desgracia será irreparable. Asignen
dineros sin tardanza, y hagamos la prueba en el lugar
más elevado.

POBIEDONÓSIKOV. -¿Qué estupideces son ésas?

¿Qué Chudakóv? ¿Qué elevaciones? Yo mismo, sin ir más lejos, salgo hoy para la elevación del Cáucaso,

VELOCIPEDKIN. -Chudakóv, el inventor.

POBIEDONÓSIKOV. -Inventores hay muchos, pero yo soy uno solo y, en general, les pido que me dejen en paz, aunque sea durante los raros minutos de descanso que prescriben las autoridades competentes. Pase a verme el viernes,

(*El Director agita la mano con fuerza, como espantando a Velocipedkin*)

VELOCIPEDKIN. -Vendrán a verte... pero no el viernes, sino hoy, y no yo, sino...

POBIEDONÓSIKOV. -Que venga el que quiera, pero no a verme a mí, sino a mi lugarteniente. Si en el orden del día se anuncia mi licencia, quiere decir que no estaré. Hay que entender la constitución de nuestra constitución. ¡Qué barbaridad!

VELOCIPEDKIN (a Iván Ivánovich) -Convénzalo usted, telefonéele, usted nos lo prometió!

IVÁN IVÁNOVICH. -¡Venirle con negocios a un personaje que sale de licencia! ¡Sumamente interesante! ¿Ustedes tienen teléfono? Lo llamaré a Nikolai Alexñandrovich. Hay que cuidar la salud de los ancianos responsables cuando todavía son jóvenes.

DIRECTOR. -Camarada Velocipedkin, se lo suplico,

¡no me arme un escándalo! Tampoco él es el de la obra. Algo parecido, nada más. Se lo suplico, que no lleguen a darse cuenta. Usted recibirá plena satisfacción en el curso del espectáculo.

POBIEDONÓSIKOV. -¡Adiós, camaradas! Por no decir otra, ustedes se llaman teatro revolucionario, pero en el fondo irritan... ¿Cómo dijeron? Alarman a los trabajadores responsables. Esto no es para las masas, y los obreros y campesinos no lo entenderán, y mejor que no lo entiendan, por lo que no hace falta explicárselo. ¿Para qué nos convierten en personajes actuantes? Lo que deseamos es ser... ¿cómo es que los llaman?... espectadores, y lo más inactivos posible. ¡No y no! ¡La próxima vez iré a otro teatro!

IVÁN IVÁNOVICH. -¡Sí, sí! ¿vio usted *La cuadratura de los cerezos*? Yo también fui a ver *El tío de los Turbin*![1] ¡Sumamente interesante!

DIRECTOR (a Velocipedkin). -¡Vea lo que me hizo! Por poco no me estropeó todo el espectáculo. ¡Hágame el favor de volver a escena! ¡Continúa la representación!

---

1. Queriendo hacer alarde de sus conocimientos, confunde los títulos de dos comedias de Chéjov, *El jardín de los cerezos* y *Tío Vania*, con los de dos obras de los nuevos tiempos: *La cuadratura del círculo*, de Kataev, y *Los días de los Turbin*, de Bulgákov (N. del T.)

La escena aparece entrecruzada por escaleras: ángulos de escaleras, descansillos y puertas de los departamentos. En el descansillo superior se presenta, bien vestido y con una maleta, POBIEDONÓSIKOV. Procura empujar la puerta con el hombro, pero POLIA abre con violencia y sale al pasillo. Intenta apoderarse de la maleta.

POLIA. -¡Cómo! ¿De modo que yo me quedo...? ¡No es divertido!

POBIEDONÓSIKOV. -Te ruego que pongas fin a esta conversación. ¡Qué vulgaridad familiar! Cualquier médico te dirá que, para un descanso completo, hay que arrancarse -pero solo, no contigo- del ambiente habitual; además, me voy a restablecer un organismo importante para el Estado, a fortalecerlo en diversos parajes de montaña.

POLIA. -Ya lo sé, como vi... que te traían dos billetes. Bien podía pensar... A ver, ¿en qué, en qué te molesto? ¡Qué divertido!

POBIEDONÓSIKOV. -Abandona esos conceptos

burgueses del descanso. No tendré tiempo para salir en bote y otras mezquinas diversiones para secretarios. ¡A bogar, góndola mía! Yo no viajo en góndola, sino en la nave del Estado. Tampoco voy a tostarme. Me inquieta siempre el momento actual, y además... un informe, una nota, una resolución... en una palabra, el socialismo. Teniendo en cuenta mi situación social, la ley pone a mi disposición una estenógrafa.

POLIA. -¿Cuándo me opuse yo a tu estenografía? ¡Divertido! Está bien que pretendas hacerte el hipócrita frente a los demás pero, ¿por qué tratas de engañarme a mí? No es divertido. ¿Para qué me utilizas como pantalla? ¡Déjame en paz, por amor de Dios, y dedica toda la noche a la estenografía, si quieres! Qué divertido!

POBIEDONÓSIKOV. -¡Shhh!... ¡Me comprometes con tus chillidos desorganizados, y para colmo de tinte religioso! "Por amor de Dios". ¡Shhh!... Abajo vive Kosliakovski que podría informar a Pável Petróvich, y éste a su vez es amigo de familia de Simeón Afanásievich.

POLIA. -¿Qué tenemos que ocultar? ¡Divertido!

POBIEDONÓSIKOV. -Tú, tú tienes que ocultar tus proclividades mujeriles, vulgares y decadentes, que han creado este matrimonio tan desigual. Imagínate que estás frente al esplendor de la naturaleza, hacia el cual viajo. ¡Imagínalo! ¡Yo... y tú! Pasaron los tiempos de guerra, en que nos bastaba con ir juntos a explorar el terreno, y después nos dormíamos bajo un capote. Yo he subido por la escalera intelectual, gubernamental y de la casa de departamentos. También tú deberías saber autoeducarte, maniobrar dialécticamente. Pero, ¿qué veo en tu rostro? ¡Un resto del pasado, las cadenas de la antigua vida!

POLIA. -¿Yo soy un obstáculo? ¿Por qué? ¡Esto es divertido! Tú me convertiste en una gallina clueca desplumada.

POBIEDONÓSIKOV. -¡Shhh! ¡Acabemos con los celos! ¿Acaso no te vas también a recorrer departamentos ajenos? ¿Placeres *komsomoles*, eh? ¿Te crees que no lo sabía? Al menos te hubieras buscado galanes más en consonancia con mi posición social. ¡Portafaldas dañina!

POLIA. -¡Cállate! ¡No es divertido!

POBIEDONÓSIKOV. -¡Shhh! Ya te dije que abajo vive Kosliakovski. Entremos en casa. ¡Hay que terminar esto de una vez por todas! (*Cierra dando un portazo, después de empujar a Polia al interior del departamento. En el tramo inferior aparecen Velocipedkin y, detrás de él, Chudakóv, cargado con una máquina invisible.*

Esta máquina invisible es sostenida por Dvoikin y por Troikin.)

VELOCIPEDKIN. -¡Firmes, camaradas! Veinte escalones más. ¡Arrastra sin hacer ruido! Que no se esconda detrás de su secretaria y de sus papeles. Haremos que esta bomba de tiempo estalle en su casa.

CHUDAKÓV. -Temo que no alcancemos a dejarla. Un error de una décima de segundo traería una diferencia de una hora entera de nuestro tiempo.

DVOIKIN. -¿Sientes cómo calientan algunas partes bajo la mano? El vidrio empieza a hervir.

TRIOKIN. -La placa de mi lado está ardiendo a más no poder. ¡Una hornalla! Palabra de honor, ¡es una hornalla! A duras penas la sostengo sin aflojar la mano.

CHUDAKÓV. -El peso de la máquina aumenta con cada segundo que pasa. Casi podría asegurar que en la máquina se materializa algún cuerpo extraño.

DVOIKIN. -¡Camarada Chudakóv, lárguela enseguida! ¡No es posible aguantar más! ¡Llevamos fuego!

VELOCIPEDKIN (*corre hacia ellos y les ayuda a sostenerla, aun quemándose*). -¡Camaradas, no se den por vencidos! Todavía faltan diez o quince escalones: él vive allí, justo encima de nosotros. Diablo, ¡es una llama del infierno! (*Retira la mano chamuscada.*)

CHUDAKÓV. -Imposible arrastrarla más lejos. Por lo visto, es cuestión de segundos. ¡Más rápido! Aunque sea hasta el descansillo. ¡Vuélquenla allí! (*Por la puerta sale corriendo Pobiedonósikov y la cierra de un golpe; luego llama. La puerta se entreabre y aparece Polia.*)

POBIEDONÓSIKOV. -Desde luego, no te inquietes... Polita, acuérdate, sola puedes darte cuenta de que nuestra vida, mi vida, puede fundarse únicamente en tu buena voluntad.

POLIA. -¿La mía? ¿Yo sola? ¡No es divertido!

POBIEDONÓSIKOV. -A propósito, me olvidé de esconder mi *Browning*. Creo que no me hará falta. Escóndela, por favor. Recuerda que está cargada: para disparar, basta con retirar este seguro. ¡Hasta la vuelta, Polita! (*Vuelve a cerrar la puerta de un golpe, acerca el oído a la cerradura y presta atención. En los escalones inferiores aparece Messaliánsova.*)

MESSALIÁNSOVA. -Naricita, ¿vienes pronto?

POBIEDONÓSIKOV. -¡Shhh!... (*Estruendo, explosión, disparo. Pobiedonósikov abre la puerta y se lanza al interior del departamento. En el descansillo inferior, exhibición de fuegos artificiales. En el lugar donde cayó el aparato aparece una mujer deslumbrante, con un rollo de letras encendidas. Se enciende la palabra*

70

"Mandato". Estupefacción general. Entra de un brinco Optimístenko, mientras termina de ponerse los pantalones; lleva pantuflas y trae un arma.)

OPTIMÍSTENKO. -¿Dónde? ¿A quién?

MUJER FOSFORESCENTE. -¡Salud camaradas! Soy una delegada del año 2030. Me han conectado por 24 horas en el tiempo presente. El plazo es breve, y la misión extraordinaria. Examinen las plenipotencias y dense por notificados.

OPTIMÍSTENKO (*corre hacia la delegada, escudriña el mandato y a toda prisa farfulla el texto*). -"Instituto de historia de los orígenes del comunismo..." Ahá... "Con cargo plenipotenciario..." Exactamente... "Elegir los mejores..." Claro... "para su transferencia al siglo comunista..." ¡Qué vamos a hacer! ¡Qué hacer, Dios mío! (*Se lanza escaleras arriba. En el zaguán aparece el irritado Pobiedonósikov.*)

OPTIMÍSTENKO. -¡Camarada Pobiedonósikov, lo busca un delegado del centro! (*Pobiedonósikov se quita la gorra, deja caer la maleta, y con aire perplejo recorre el mandato; luego la invita apresuradamente, con la mano, a que entre en su departamento. Se dirige a Optimístenko en un murmullo, y después a la Mujer Fosforescente.*)

POBIEDONÓSIKOV (*a Optimístenko*). -Mete la cola

en el disco. Infórmate de quien sabes si es posible algo semejante, si está de acuerdo con la ética partidaria, y si es verosímil que un ateo tenga fe en tales fenómenos sobrenaturales. (*A la Mujer Fosforescente.*) Por supuesto, ya estoy al corriente del asunto y ofrezco toda la colaboración que esté de mi parte. Al dirigirla a mí, sus organismos competentes obraron con máxima prudencia. Es un problema que ya se está discutiendo en nuestra comisión y al momento, apenas recibamos las directivas pertinentes, entraremos en componendas con usted. Pase directamente a mi despacho, sin prestar atención a ciertas vulgaridades originadas por la desigualdad de nivel cultural entre los cónyuges. (*A Velocipedkin*) ¡Por favor! Le dije ya... ¡venga a mi directamente! (*Pobiedonósikov hace pasar a la Mujer Fosforescente, que a medida que se enfría va adquiriendo un aspecto normal.*)

POBIEDONÓSIKOV (*a Optimístenko, que llega a la carrera*). Sí, ¿y bien?

OPTIMÍSTENKO. -Se echaron a reír, y dijeron que esto pasa las fronteras del entendimiento humano.

POBIEDONÓSIKOV. -¡Ah, pasa las fronteras! Entonces tendremos que entrar en contacto con el VOKS. Hay que explicarles el asunto más insignificante, y ellos mismos no pueden dar la mínima mues-

tra de iniciativa. Camarada Mesalliánsova, la estenografía queda para otro momento. Suba para encargarse de una urgente relación cultural, en horas suple-
mentarias.

El mismo decorado del Acto Segundo acto, sólo que en desorden. Letrero: "Oficina de selección y transferencia al siglo comunista". A lo largo de la pared están sentados, esperando turno, MESALLIÁNSOVA, BELVEDONSKI, IVAN IVANOVICH, KICH, POBIEDONÓSIKOV. OPTIMÍSTENKO *oficia de secretario en el recibidor. Pobiedonósikov se pasea con aire disgustado, con una cartera bajo cada brazo.*

OPTIMÍSTENKO. -¿Qué le pasa ciudadano?

POBIEDONÓSIKOV. -¡Nada, no podemos continuar así! Ya volveré a hablar de esto. Hasta lo anotaré en el periódico mural. ¡Lo anotaré sin falta! ¡Hay que luchar contra la burocracia y el proteccionismo! ¡Exijo que me hagan pasar sin esperar turno!

OPTIMÍSTENKO. -Camarada Pobiedonósikov, ¿qué burocracia podría haber antes de un examen y de una selección? No es necesario que se moleste. Váyase en buena hora sin esperar turno. Apenas termine el turno, váyase por su cuenta y sin fijarse en ningún turno.

POBIEDONÓSIKOV. -¡Tengo que verla ahora mismo!

OPTIMÍSTENKO. -¿Ahora mismo? ¡Desde luego, ahora mismo! Sólo que su reloj no se concilia con el de ella. Ella se rige por otro tiempo, camarada, y cuando ella me lo diga, en ese mismo momento pasará usted

POBIEDONÓSIKOV. -Es que además, en lo tocante a la transferencia tengo que aclarar un montón de cosas: sueldo, alojamiento y muchos detalles más.

OPTIMÍSTENKO. -¡Puah! ¡Se lo vuelvo a repetir, no venga con pequeñeces a una institución importante! Nosotros no podemos ocuparnos de pequeñeces. El Estado se interesa por asuntos importantes: fordismos, por ejemplo, máquinas de tiempo, esto y lo de más allá...

IVÁN IVÁNOVICH. -¿Usted esperó turno alguna vez? Yo por primera vez espero turno. ¡Sumamente interesante! (*El que fue despacho de Pobiedonósikov está lleno de gente. La exaltación y el bélico desorden de aquellos primeros días de octubre. Habla la Mujer Fosforescente.*)

MUJER FOSFORESCENTE. -Camaradas, la reunión de hoy será breve. Con muchos de vosotros conviviremos durante años. Ya os contaré muchos otros detalles de nuestro júbilo. Apenas llegó la noticia de vuestros experimentos, los sabios establecieron turno de guardia. Ellos os prestaron gran ayuda, señalando y corrigiendo vuestros inevitables errores. Marchamos los unos hacia los otros, como dos cuadrillas que cavan un túnel, hasta que hoy se produjo el encuentro. Vosotros mismos no comprendéis toda la grandiosidad de vuestros proyectos. Nosotros lo apreciamos mejor: conocemos lo que surgió a la vida. Con sorpresa reconocí esos cuartuchos, ya desaparecidos entre nosotros y cuidadosamente restaurados en los museos; también reconocí esos gigantes de acero y de tierra, gratos recuerdos y experiencias que aún se elevan entre nosotros, como ejemplos de construcción y de vida comunistas. Eché una ojeada a mozuelos manchados de grasa, insignificantes para vosotros, pero cuyos nombres refulgirán en placas del abolido oro. Solamente hoy, después de mi breve recorrido, vi y comprendí la energía de vuestra voluntad y el fragor de vuestra tempestad, que tan pronto se encrespó para felicidad nuestra y alegría de todo el planeta. Con qué arrobamiento contemplé hoy las letras revivificadas de las leyendas de vuestra lucha... la lucha contra todo el bien pertrechado mundo de parásitos y esclavizadores. Vuestro trabajo no permite que os apartéis un momento para admiraros a vosotros mismos, pero yo tengo la satisfacción de hablaros de vuestra grandeza.

CHUDAKÓV. -Camarada, perdone que la interrumpa. El tiempo urge, nos quedan seis horas de las nuestras y todavía necesito sus últimas indicaciones. ¿Cuántos iremos? ¿Año de destino? ¿Velocidad?

MUJER FOSFORESCENTE. -Dirección... el infinito; velocidad... un año por segundo; destino... año 2030; cuántos y quiénes... es lo que no sabemos. Lo único indicado es la estación de destino. Allí no se reconocen valores. Para el porvenir, lo pasado está en la palma de la mano. Recibirán a los que se conserven durante cien años. ¡Comiencen, camaradas! ¿Quiénes están con vosotros?

FOSKIN. -¡Yo!

DVOIKIN. -¡Yo!

TROIKIN. -¡Yo!

MUJER FOSFORESCENTE. -¿.Quién vendrá de los matemáticos... para estudiar diseños y encargarse de la dirección?

FOSKIN. -¡Nosotros!

DVOIKIN. -¡Nosotros!

TROIKIN. -¡Nosotros!

MUJER FOSFORESCENTE. -¿Cómo? ¿Ustedes son los obreros y también los matemáticos?

VELOCIPEDKIN. -¡Muy sencillo! Somos obreros, pero también estudiantes.

MUJER FOSFORESCENTE. -Para nosotros, sí, es sencillo. No sabía si era fácil para vosotros el paso de la cinta sin fin a la dirección, de la escofina al aritmómetro.

DVOIKIN. -No solamente esos pasos, camarada. Hicimos acorazados, después encendedores; cuando terminamos con los encendedores... pasamos a las bayonetas; terminadas las bayonetas... nos dedicamos a los tractores, mientras rebobinábamos todo el aprendizaje en la escuela superior. Muchos no nos creían, aun entre los nuestros, pero pronto liquidamos esa falta de fe en la clase trabajadora. Cuando aprendió usted nuestro tiempo, se le escapó un pequeño error. ¿No pensará usted tal vez en el año pasado?

MUJER FOSFORESCENTE. -Ya lo veo, con vuestro cerebro mercurial de expreso habrá que colocaros inmediatamente entre nuestras filas y en nuestro trabajo.

VELOCIPEDKIN. -Eso es lo que tenemos, camarada, Lanzaremos la máquina y, desde luego, iremos, si la célula nos envía. Pero, por favor, mejor será que por ahora no nos lleve a ninguna parte. Entre nosotros, precisamente, nuestro taller pasa al turno continuado... y será muy interesante e importante saber si podemos cumplir el quinquenal en cuatro años.

MUJER FOSFORESCENTE. -Una cosa les prometo. Nos detendremos en la estacion del año 1934 para recibir informaciones. Pero, si hay muchos con vosotros no harán falta informaciones.

CHUDAKÓV. -¡En marcha camaradas! (*Pared oficinesca. Entran a la carrera Chudakóv, Velocipedkin, Dvoikin, Troikin, Foskin, que mientras corren verifican sus planos. Pobiedonósikov corre con pasitos rápidos detrás de Chudakóv. Este lo ahuyenta de un manotazo.*)

POBIEDONÓSIKOV (*agitando vivamente los brazos*). -¿Quién iba a imaginarlo? Un tal Chudakóv se aprovecha porque inventó no se qué aparatito de tiempo, y porque conoció a esta mujeruca, esta mujer-oráculo, antes que yo. Ni siquiera estoy convencido de que esto no sea otra cosa que corrupción moral y, en general, una *liaison* de las que hablaba Friedland. ¡Sexo y carácter! ¡Sí! ¡Sí! (*A Optimístenko.*) Subordinado camarada Optimístenko, usted debería comprender que mis preguntas se refieren al importantísimo problema de mi viaje, el viaje de un trabajador responsable, situado a la cabeza de toda una institución y en misión oficial de cien años.

OPTIMÍSTENKO. -Pero, ¡si su viaje no está concertado!

POBIEDONÓSIKOV. -¿Cómo que no está concertado? Si desde por la mañana me envié que no sé cuántas notas y mandatos!

OPTIMISTENKO. -Si, pero no entró en componendas con la NKPS.

POBIEDONÓSIKOV. -¿Qué diablos tiene que hacer aquí la NKPS? ¡Es pura cazurrería! Esto no es un tren. Aquí, en un segundo, 40 hombres o bien 8 caballos adelantan en un soplo todo un año.1

OPTIMÍSTENKO. -¡Denegar! ¡No tiene sentido práctico! ¿Quién se alegraría al aceptar esa misión, cuando por 100 años de viáticos se le asignen 100 segundos? (*El despacho de Pobiedonósikov.*)

MUJER FOSFORESCENTE. -Camaradas...

POLIA. -¡Pido la palabra! Perdónenme la inoportunidad, no es que tenga esperanzas... ¡Qué esperanzas podría tener! ¡Divertido! Sólo pido que me informen qué es eso del socialismo. A mí el camarada Pobiedonósikov me contó muchas cosas sobre el socialismo, pero todo eso no era muy divertido.

1. La expresión se refiere al cartel que, para situaciones de guerra, se leía desde tiempo inmemorial en los vagones de carga de Francia, Rusia y otros países: "Capacidad de este vagón: 40 hombres o bien 8 caballos puestos a 10 largo" (N. del T.).

MUJER FOSFORESCENTE. -Espere todavía otro poco y lo sabrá. Usted viaja con el marido y los niños.

POLIA. -¿Con los niños? ¡Qué divertido, si no tengo niños! Dice mi marido que, en épocas guerreras como la nuestra, es mejor no atarse con tan poco juicioso elemento, por no decir alimento.

MUJER FOSFORESCENTE. -Muy bien. Si no la atan los niños, hay muchas otras cosas que la atan, puesto que vive con su marido.

POLIA. -¿Vivo? ¡Qué divertido! Yo no vivo con mi marido. Él vive con otras, más en consonancia con su desarrollo intelectual. ¡No es divertido!

MUJER FOSFORESCENTE. -Entonces, ¿por qué lo llama su marido?

POLIA. -Para que todos vean que está en contra de las costumbres licenciosas. ¡Qué divertido!

MUJER FOSFORESCENTE. -Comprendo. Es decir: ¿se preocupa simplemente de que a usted no le falte nada?

POLIA. -Sí.... se preocupa de que no tenga nada. Alega que cubrirme con un vestido nuevo lo comprometerá ante los ojos de sus camaradas. ¡Qué divertido!

MUJER FOSFORESCENTE. -¡Nada es divertido! (*Pared oficinesca. Sale Polia.*)

POBIEDONÓSIKOV. -¡Polia! ¿Qué haces aquí? ¿Me denunciaste? ¿Presentaste quejas?

POLIA. -¿Quejas? ¡Divertido!

POBIEDONÓSIKOV. -Lo principal, ¿le contaste que marchamos juntos, hombro con hombro, al encuentro del sol del comunismo? ¿Cómo luchamos contra la vida vieja? Las mujeres gustan de lo sentimental. ¿Le gusto el relato? ¿Si?

POLIA. -¿Juntos? ¡Que divertido!

POBIEDONÓSIKOV. -¡Mira, Polia! No tendrías que manchar mi honor, como miembro del partido con afiliación sobresaliente. Tendrías que recordar la ética partidaria, y no sacar los trapitos al sol. A propósito, deberías volver a la chocita -o sea a nuestro departamento- a poner todos esos trapitos en mi maleta. Yo salgo de viaje. Ya sabes que no soy partidario de empleos superpuestos: por ahora viajaré solo; ya te escribiré desde allá, si hay oportunidad de mandar a buscar a los parientes. Vuélvete a casa, Polia, porque si no...

POLIA. -¿Qué "si no"? ¡Nada divertido! (*Despacho de Pobiedonósikov.*)

MUJER FOSFORESCENTE. -La elección recayó por casualidad en vuestra institución, así como los inventos parecen casuales. Es posible que individuos más ejemplares se encuentren en este establecimiento donde trabajan los Dvoikin y los Troikin, pero entre vosotros se encuentra a cada paso una tarea constructiva, y también de aquí podrán salir modelos ejemplares.

UNDERTONE. -Dígame, ¿yo también podré acompañarles?

MUJER FOSFORESCENTE. -¿Usted es de aquí?

UNDERTONE. -Por ahora, de ninguna parte.

MUJER FOSFORESCENTE. -¿Cómo es eso?

UNDERTONE. -Me eliminaron.

MUJER FOSFORESCENTE. -¿Que explicación tiene?

UNDERTONE. -Decían que me pintaba los labios.

MUJER FOSFORESCENTE. -¿Para quién?

UNDERTONE. -Para mí misma.

MUJER FOSFORESCENTE. -¿Es lo único que hacía?

UNDERTONE. Además tecleaba. Estenografiaba.

MUJER FOSFORESCENTE. -¿Bien?

UNDERTONE. -Bien.

MUJER FOSFORESCENTE. -Entonces, ¿por qué de ninguna parte?

UNDERTONE. -Me eliminaron.

MUJER FOSFORESCENTE. -¿Por qué?

UNDERTONE. -Me pintaba los labios.

MUJER FOSFORESCENTE. -¿Para quién?

UNDERTONE. -¡Para mí misma, le dije!

MUJER FOSFORESCENTE. -¿Por qué tenían que meterse ?

UNDERTONE. -Me eliminaron.

MUJER FOSFORESCENTE. -¿Por qué?

UNDERTONE. -Dicen que me pintaba los labios.

MUJER FOSFORESCENTE. -Y usted, ¿por qué se los pintaba?

UNDERTONE. -Si una no se los pinta, ni siquiera la toman.

MUJER FOSFORESCENTE. No comprendo. Si se los pintara para algún otro, digamos, para alguien que viniera a pedir instrucciones para su trabajo, podrían decir... molesta, los visitantes se fastidian. Pero así...

UNDERTONE. Camarada, discúlpeme lo de los labios. ¿Qué otra cosa podía hacer? Ni siquiera estuve en el movimiento clandestino, tengo pecas en la nariz, y el único modo de llamar la atención es ponerles mis labios delante de los ojos. Si entre ustedes se fijan en la gente aun sin eso, muéstreme, muéstreme cómo viven... ¡aunque sea muy por encima! Desde luego, entre ustedes son todos importantes... con méritos, diversos estilos de Pobiedonósikov. Trataré de que él ni siquiera me vea, pero déjeme ir... Si no sirvo, me volveré... destiérreme al momento. Pero durante el viaje puedo prestar alguna utilidad: usted me dictará sus impresiones o la cuenta de sus gastos... y yo teclearé.

NOCHKIN. -Y yo sacaré las cuentas. Será mejor que me presente a la Oficina de Asuntos Criminales de ustedes, mientras aquí discuten los jueces... (*Escena en el recibidor.*)

POBIEDONÓSIKOV. -¡Tome nota, agréguelo al acto! En un caso semejante, me veo en la obligación de declarar que me desligo de toda responsabilidad, y si, como consecuencia de escaso conocimiento de la correspondencia anterior, para no hablar de la desdichada selección de personal idóneo, se produjera una catástrofe...

OPTIMÍSTENKO. -¡Vamos, termine eso!... No amenace a una importante dirección estatal, no hay motives para ponernos a todos nerviosos. Pero, si ocurriera una catástrofe, ya entonces daremos parte a la milicia para que se labre el acta correspondiente. (*Sale Nochkin, escondiéndose detrás de Undertone.*)

POBIEDONÓSIKOV (*deteniendo a Nochkin, y midiendo a Undertone con la mirada*). -¿Cómo? ¿Todavía en el establecimiento? ¿Todavía en libertad? ¡Camarada Optimístenko! ¿Por qué no se tomaron medidas? Pero, por lo demás, puesto que sigue en libertad, no puede negarse a un trabajo urgente. De acuerdo con mis misiones, hay que fijar dietas y viáticos, partiendo del concepto normal del tiempo y de la ganancia media para cien años, porque también habrá dietas y contabilidades... En caso de desperfecto en la máquina, quizá tengamos que detenernos 20 o 30 años en cualquier lugar, en algún remoto semestre, y es algo que debemos prevenir y tomar en cuenta. No es posible largarse en forma tan desorganizada.

NOCHKIN. -¡Pues lárgate tú en forma organizada, montado en una salchicha! (*Desaparece.*)

IVÁN IVÁNOVICH. -¿En una salchicha? ¿Ustedes estuvieron en las sesiones? Yo estuve en las sesiones. Por todas partes *sandwiches* de queso, de jamón, de salchicha... ¡Sumamente interesante!

POBIEDONÓSIKOV (*al quedar solo, se deja caer en un sillón*). -¡Muy bien, me marcharé! En tales circunstancias, declararé que me jubilo. Que me conozcan después por los retratos y por los recuerdos de mis contemporáneos. ¡Me marcharé, pero ustedes lo lamentarán, camaradas! (*Sale la Mujer fosforescente.*)

OPTIMÍSTENKO. -¡Terminó la visita! Vuelvan mañana, según el orden de turno personal.

MUJER FOSFORESCENTE. -¿Qué visita? ¿Qué mañana? ¿Qué orden?

OPTIMÍSTENKO (*señalando el letrero: "No entre sin hacerse anunciar"*). -De conformidad con las leyes fundamentales.

MUJER FOSFORESCENTE. -¿Cómo? ¿Se olvidó de descolgar esa estupidez?

POBIEDONÓSIKOV (se coloca de un salto junto a la Mujer fosforescente). -¡Salud, salud, camarada! Perdóneme el retraso, pero tantos asuntos... De cualquier modo, sólo la molestaré un minuto. Presenté mi renuncia. Pero no quieren ni siquiera escucharme. Súmate al viaje, me dicen, sé nuestro representante. Y bien, puesto que la colectividad lo exige... tuve que acceder. Pero tome en cuenta, camarada, que soy un trabajador de significación central, deje que otros vayan al *koljós*. Sépalo cuanto antes, y comuníqueselo. El camarada Optimístenko podrá telegrafiarles por nuestra cuenta. Desde luego, usted misma comprende que deberán asignárseme funciones en consonancia con mi tiempo de afiliación, y con mi responsable posición como el trabajador más importante dentro de mi sección.

MUJER FOSFORESCENTE. -Camarada, yo no fijo las funciones de nadie; solo vine a verlos para convencerlos. Indudablemente, se portarán con usted tal como usted lo merece.

POBIEDONÓSIKOV. -¿De incógnito? ¡Comprendo! Pero entre nosotros, como atraídos por recíproca confianza, no puede haber secretos. Además, como camarada de más edad, debo advertirle que está rodeada de gentes no del todo cien por cien. Velocipedkin fuma. Chudakóv... bebe, es posible que hasta beba según su fantasía. También debo hablar de mi mujer, no me atrevo a ocultarlo a la organización... es una burguesa, con tendencia a las nuevas relaciones y a las nuevas faldas, dentro de lo que se ha dado en llamar antiguas costumbres.

MUJER FOSFORESCENTE. -Pero, ¿a usted qué le importa? Sin embargo, trabajan...

POBIEDONÓSIKOV. -¿Y qué? ¿Cómo, " sin embargo"? Yo también y, sin embargo, no bebo, no fumo, no doy propina, no me inclino a la izquierda, no llego tarde, no... (*le habla al oído.*), no me entrego a extravagancias, nunca me estoy mano sobre mano...

MUJER FOSFORESCENTE. -Habla usted de todo lo que "no, no, no..." Pero, ¿hay alguna cosa que usted "sí, sí, sí"?

POBIEDONÓSIKOV. -¿Sí, sí, sí? ¡Por supuesto, sí! Envío directivas, zurzo resoluciones, entro en componendas, pago las cuotas del partido, recibo el partmáximum, echo firmas, pongo el sello. En una palabra, un rinconcito de socialismo. ¿También entre ustedes, por supuesto, se atiende a la circulación de papeles, cinta sin fin, y todo lo demás?

MUJER FOSFORESCENTE. No se de qué me habla pero, desde luego, el papel para diarios llega a las máquinas como es debido. (Entran Pont Kich y Mesalliánsova.)

PONT KICH. -¡Je, je!

MESALLIÁNSOVA. *Please, sir...*

PONT KICH. -Asieb, hipopot, dar deuda *tit-bits*, y valor bajar *my pound* relojit.. .

MESALLIÁNSOVA. -Mister Pont Kich quiere decir que puede comprar al conveniente precio oficial -en vista de su total inutilidad- todos los relojes, y que entonces tendrá fe en el comunismo.

MUJER FOSFORESCENTE. -Se entendía sin traducción. Primero reconozcan... ¡las ganancias vendrán después! ¡Camaradas! Esténse aquí a la hora fijada... ¡A las doce en punto hacia la estación del año 2030 el primer tren del tiempo!

Sótano de Chudakóv. A ambos lados de la máquina invisible se hallan atareados CHUDAKÓV *y* FOSKIN, VELOCIPEDKIN *y* DVOIKIN. *Con los diseños en la mano, la* MUJER FOSFORESCENTE *fiscaliza la máquina invisible.* TROIKIN *cuida la puerta.*

MUJER FOSFORESCENTE. -¡Camarada Foskin! En cuanto a las pantallas que sirven para debilitar el viento, colóquelas simples. El plan quinquenal ya nos habituó al ritmo y a la velocidad. Apenas se notará la transición.

FOSKIN. -Cambiaré el vidrio. De medio milímetro. Irrompible.

MUJER FOSFORESCENTE. -¡Camarada Foskin! Vigile los resortes. Tenga cuidado, que no se vayan a sacudir en los baches de los feriados. El horario continuado nos acostumbró mal con su fluidez sin sobresaltos.

DVOIKIN. -Pues viajaremos sin sobresaltos, siempre que no arrojen botellas de vodka en el camino.

MUJER FOSFORESCENTE. -¡Camarada Velocipedkin! Eche un vistazo al manómetro de disciplina. Cortará y separará a los desviacionistas.

VELOCIPEDKIN. -¡No haya temor! Los tendremos a raya.

MUJER FOSFORESCENTE. -Camarada Chudakóv, ¿todo listo?

CHUDAKÓV. -Una vez que anotemos la línea de parada, ya podremos partir. (*Una cinta blanca se despliega entre las ruedas de la máquina invisible.*)

VELOCIPEDKIN. -¡Troikin, ponla en marcha! (Por los cuatro costados, con carteles y al compás de la "Marcha del Tiempo", se vuelcan los pasajeros.)

MARCHA DEL TIEMPO

¿Vuela canción mía,
                    planea,
al paso de rojos
                    estandartes!
Ade-
      lante,
            tiem-
                  po
tiem-
      po
            ¡adelante!

91

Adelante, patria mía,
          mas rápido,
¡reviente
      el tiempo
            de antes!
Ade-
      lante,
            tiem-
                  po,
tiem-
      po
            ¡adelante!

¡Aprisa, nación mía,
                  más y más!
La comuna...
                  está adelante.
Con el Plan
                  ahorraremos
nosotros...
                  ¡todo un año!

Arremete, nación mía,
                  más rápido!
¡con turno continuado!

Ade-
      lante,

                tiem-
                        po,
tiem-
     po,
          ¡adelante!

Más fuerte, oh comuna,
              golpea:
¡que muera el monstruo de antes!

Ade-
     lante,
              tiem-
                      po,
¡adelante!

¡Vuela, canción mía,
              planea
al paso de rojos
              estandartes!
¡Ade-
     lante,
              tiem-
                      po,
tiem-
     po,
          ¡adelante!

OPTIMÍSTENKO (*separándose de la multitud, a Chudakóv*). -Camarada, me veo en la obligación de preguntarle confidencialmente: ¿habrá *buffet*? ¡Ya me parecía! Pero, ¿por qué no se notificó en el orden del día? ¿Se olvidaron? Bah, no importa, bastarán las bebidas; con los comestibles ya nos arreglaremos. Venga a nuestro compartimiento. ¿Qué lugarcito prefiere?

CHUDAKÓV. -Aprieten filas. Hombro con hombro. No tengan miedo de fatigarse. Basta con dar vuelta a esta rueda... y en un segundo...

POBIEDONÓSIKOV (*entra en compañía de Mesalliánsova*). -¿Aún no tocaron el timbre? ¡Tiene que tocar! ¡Y en seguida el segundo! (*A Dvoikin.*) Camarada, ¿tú eres del partido? ¿Sí? No por obligación, sino por devoción... ayúdame a llevar estas cosas. ¡¡Documentos de importancia, ohhh!! Imposible confiarlos a changadores apolíticos cualesquiera, que sólo transportan por dinero, pero a ti, como obrero promovido, no hay temor... ¡acárréalos! ¡Te los confío!... ¿Quién es aquí superdirector de embarque? ¿Dónde está mi compartimiento? Mi lugar por supuesto es el de abajo...

MUJER FOSFORESCENTE. -La máquina del tiempo no está todavía instalada del todo. Ustedes, como pioneros de este medio de comunicación, tienen que estar de pie como los demás.

POBIEDONÓSIKOV. -¿Qué tienen que ver en esto los pioneros?[1] El Congreso de pioneros ya se terminó, y les ruego que no vuelvan a fastidiarme con tales pioneros. ¡Esa campaña ya se cerró! Sencilla-mente, ¡renunciaré a acompañarlos! ¡Mandaré todo al diablo! Hay que aprender de una vez por todas a respetar a un miembro de la Vieja Guardia, o me saldré de esa Guardia. Después de todo, ¡exijo compensación por vacaciones no aprovechadas! En una palabra, ¿dónde están mis cosas? (*Aparece Dvoikin empujando una vagoneta con paquetes de papeles bien atados empu, cajas de sombreros, carteras, escopetas de caza y el baúl-ropero de la Mesalliánsova. En las cuatro puntas de la vagoneta, cuatro* setters. *Detrás de la vagoneta viene Velocipedkin con una maleta, un cofre, pinceles y un retrato.*)

MUJER FOSFORESCENTE. -Camarada, ¿qué es ese vasto almacén de ramos generales?

OPTIMÍSTENKO. -Eso no es nada. Una minúscula excrescencia.

1. Pobiedonósikov interpreta que se habla de los "pioneros", nombre que reciben los miembros (de 9 a 14 años) de la primera etapa de las organizaciones juveniles comunistas.

MUJER FOSFORESCENTE. -¿Qué se ha pensado? ¡Deje al menos una parte!

OPTIMÍSTENKO. -Al fin y al cabo, camarada, envíelo por correo

POBIEDONÓSIKOV. -¡Por favor, nada de observaciones. Cuélguense un periódico mural y anótenlas allí. Pero yo tengo que enviar circulares, notas, tesis, copias, rectificaciones, extractos, informaciones, cédulas, resoluciones, cuentas, actas y otros comprobantes, aunque sea sobre estos perros aquí presentes. Hasta podría pedir un vagón *bis*, suplementario, pero no lo pido, en consonancia con mis normas de modestia en la vida privada. No echen a perder la política de largos alcances. También a ustedes les resultarás muy, pero muy beneficiosa. Apenas se me asigne plantilla de personal, instalaré una oficina en escala universal. Aumentando la plantilla, transformaré esa escala en interplanetaria. ¿Espero que no tengan intención de desoficinar y desorganizar el planeta?

OPTIMÍSTENKO (a la *Mujer fosforescente*). -No replique, ciudadana. ¡Lo lamento por el planeta!

MUJER FOSFORESCENTE. -Por favor, ¡trabajen más rápido!

POBIEDONÓSIKOV. -¡Lo único que le ruego es que

no se meta en cosas que escapan a su competencia! ¡Ya es demasiado! Estos son empleados míos y, mientras no me destituyan, soy aquí el archiprotoprincipal. ¡Terminé por cansarme! Me quejaré a todos por todos estos asuntos y acerca de todos, apenas recupere las riendas. ¡Háganse a un lado, camaradas! Coloquen allí esas cosas. ¿Dónde está una cartera de becerro amarillo claro, con monograma? ¡Optimístenko, corra a buscarla! No se preocupe, ¡ya esperarán! Detendré el tren por causa de fuerza mayor oficial, no por tonterías. (*Optimístenko se lanza ya a escape, cuando viene a su encuentro Polia con la cartera.*)

POLIA. -¡No rechines, por favor! Puse en orden la casa, como lo mandaste... y en seguida volveré, para terminarla de poner en orden. La veo: ¡se la olvidó! Pienso: ¡algo importante! ¡Qué divertido! Salí corriendo... ¡aquí está! (*Le entrega la cartera.*)

POBIEDONÓSIKOV. -Tomo la cartera, y también tomo nota. ¡Tenías que recordármela antes! La próxima vez, consideraré esto como infracción y debilitamiento de la disciplina conyugal. ¡Acompañantes, a tierra! ¡Hasta la vuelta, Polia! En cuanto haya oportunidad, te enviaré algún tercio de algo, en consonancia con la práctica del tribunal y hasta el momento en que cambien tan vetusta legislación.

PONT KICH (*entra y se detiene*). -¡Je, je!

MESALLIÁNSOVA. -*Please, sir!*

PONT KICH. -Ladrón tomar *lips* jazmín, *yes* cupir billeter. ..

MESALLIÁNSOVA. -Mister Kich quiere decir, y dice, que no tiene billete, porque no sabía cuál hacía falta, el del partido o el de ferrocarril, pero que está dispuesto a ingresar en cualquier socialismo, con tal que le resulte lucrativo.

OPTIMÍSTENKO. -*Please, please, sir.* Ya hablaremos de eso en el camino.

IVAN IVÁNOVICH. -¡Salud! Mi homenaje a vuestras y a nuestras conquistas. Aún nos falta un último esfuercito... y todo será cosa del pasado. ¿Vieron ustedes el socialismo? Yo ahora veré el socialismo... ¡Sumamente interesante!

POBIEDONÓSIKOV. -Por lo tanto, camaradas... ¿Por qué y dónde habíamos quedado?

UNDERTONE. -Quedamos en "Por lo tanto, camaradas"...

POBIEDONÓSIKOV. -¡Sí! ¡Pido la palabra! ¡Tomo la palabra! Por lo tanto, camaradas, asistimos al momento en que, dentro de mi aparato estatal, se ha inventado el aparato del tiempo. Semejante aparato de liberación del tiempo se ha inventado en mi aparato, precisamente porque dentro de mi aparato había todo el tiempo libre de que se quisiera disponer. El momento corriente y presente se caracteriza por ser un momento detenido. Pero, así como en un momento detenido no se sabe dónde finaliza el comienzo y donde comienza el final, también yo diré al comienzo una palabra final, y más tarde un discurso para comenzar. El aparato es espléndido, me alegra tal aparato... nos alegramos yo y mi aparato. Nos alegramos porque, si nos vamos una vez por año de licencia, podremos impedir que el año siga adelante, y podremos tener dos años de licencia cada año. Y a la inversa, ahora recibimos nuestro sueldo un día por mes, pero luego podremos pasar todo el mes en un día, y entonces recibiremos el sueldo cada día todo el mes. Por lo tanto, camaradas...

VOCES:

-¡Abajo!

-¡Basta!

-¡Que lo entierren sin responso!

-Chudakóv, ¡desconéctalo del tiempo! ;

(*Chudakóv da cuerda a Pobiedonósikov. Este sigue gesticulando, pero sin que se oiga nada de lo que dice.*)

OPTIMÍSTENKO. -Tomo a mi vez la palabra en nombre de todos, y digo a todos, sin fijarme en nombres, que poco nos importa el nombre que se lee al frente de la institución, porque solo respetamos el nombre que está escrito y se mantiene. Pero diré sin hipocresía que, para todos, es agradable que sea otra vez usted con su agradable nombre. Por lo tanto, en nombre de todos, le hago entrega de este reloj, teniendo en cuenta que marcha y hace juego con su nombre, que se lee a la cabeza...

VOCES:

-¡Abajo!

-¡¡Que le salen la lengua!!

-¡Ciérrale la espita, Chudakóv!

(*Chudakóv desconecta a Optimístenko. También este gesticula, pero nadie oye lo que dice.*)

MUJER FOSFORESCENTE. -¡Camaradas! A la primera señal saldremos como una exhalación hacia adelante, rompiendo este tiempo caduco. Nos acogerá a todos el porvenir, en él que se hallará por lo menos un rasgo emparentado con el colectivismo de comuna: todos trabajan con alegría, sienten ansias de sacrificarse, no se cansan de inventar, encuentran su ventaja en el dar y su orgullo en el humanitarismo. Decuplicaremos y prolongaremos los pasos quinquenales. Manteneos en masa, apretad filas, más cerca uno de otro. El tiempo raudo arrancará y barrerá el peso muerto, abrumado de trastos viejos, el peso de los corroídos por la falta de fe.

POBIEDONÓSIKOV. -¡Sal de ahí, Polia!

NOCHKIN (*entra corriendo, perseguido*). -¡Ojalá pudiera llegar al socialismo! ¡Allí me arreglarán!

AGENTE DE LA MILICIA (*lo alcanza, hace oír su silbato*). ¡Detente! (*Los dos saltan dentro de la máquina.*)

MUJER FOSFORESCENTE. -¡Una! ¡Dos! ¡Tres! (*Fuegos de bengala. "Marcha del Tiempo". Oscuridad. Quedan en escena Pobiedonósikov, Optimístenko, Belvedonski, Mesallidásova, Pont Kich, Iván Ivánovich, esparcidos y derribados por la rueda infernal.*)

OPTIMÍSTENKO. -¡Bajen! ¡Ya llegamos!

POBIEDONÓSIKOV. -¡Polia, Polita! Tantéame, examíname por todos los costados. Por lo visto, el tiempo me pasó por encima. ¡Paulina!... ¿La raptaron? Deténgalos, ¡hay que alcanzarlos y superarlos![1] ¿Qué hora es? (*Consulta el reloj de regalo.*)

OPTIMÍSTENKO. -¡Restituya, restituya ese reloj, ciudadano! La acostumbrada coima no va con mi nombre, puesto que yo solo, en nombre de todos, tuve que gastar en ese reloj el sueldo de todo un mes. Ya sabre-

---

1. Alusión humorística a una consigna recurrente de la economía soviética: 'Es necesario alcanzar y superar a los países occidentales" (N. del T.).

mos encontrar algún otro nombre, para regalarle ese reloj y hacerle la corte.

IVAN IVÁNOVICH. -Hachan el bosque... y vuelan las astillas. Pequeñas... grandes deficiencias del mecanismo. Es necesario ir y atraer a la sociedad soviética. ¡Sumamente interesante!

POBIEDONÓSIKOV. -¡Pintor, aprovecha el momento! ¡Representa a un ser viviente mortalmente ofendido!

BELVEDONSKI. -¡De ninguna manera! Por una u otra causa, el bosque suyo no salió muy feliz. Hay que mirar el modelo como un pato mira un balcón. A mí, sólo de abajo hacia arriba me sale plenamente artístico.

POBIEDONÓSIKOV (*a Mesalliánsova*). -Muy bien, muy bien, ¡deja que prueben, que intenten navegar sin caudillo y sin velamen! Me retiro a la vida privada, para escribir mis memorias. ¡Vamos, vendrás conmigo, con tu naricita!

MESALLIÁNSOVA. -¡Ya me quedé con narices, hasta con un palmo de narices! Usted no pudo conquistar el socialismo, y ni siquiera conquistar a su mujer. ¡Ah, usted, figurón impo...nente, por no decir otra cosa! *Good-bye, adieu, auf wiedersehen*, ¡hasta más ver! *Please, my Kikito, my Pontchito!* (*Sale del brazo de Pont Kich.*)

POBIEDONÓSIKOV. -Ella también, y ustedes, y el autor... ¿qué quisieron decirme con esto? ¡¿Que yo y los de mi calaña no hacemos ninguna falta en el comunismo?!

La mujer fosforescente, Moscú 1930

Meyerhold y Maiakovski durante los ensayos de *Baño* en Moscú

Página siguientes:
Momentos de la representación de *Baño* en Moscú en 1930

Ivan Turguenev:
Hamlet y Don Quijote

Manuel Azaña:
Cervantes o la invención del Quijote

Marcel Proust:
El caso Lemoine

Wilhelm Dilthey:
Satanás en la poesía cristiana

Vladimir Maiakovski:
La chinche

Ramón Gómez de la Serna:
Gérard de Nerval, una vida

Yevgueni Zamiatin:
La pulga

Yvonne Bourget:
Sarah Bernhardt, actriz (1844-1923)

Luigi Pirandello:
Enrique IV

G. K. Chesterton:
Magia

R. W. Emerson:
Shakespeare y Goethe

André Gide:
Oscar Wilde: in memoriam

Luigi Pirandello:
Vestir al desnudo